文學叢刊

鄭向恒著

歐遊心影

文史哲出版社印行

歐遊心影 / 鄭向恒著. -- 初版. – 臺北市：文史哲, 民 93 印刷
面： 公分.（文學叢刊；166）
ISBN 957-549-573-X (平裝)

855

文 學 叢 刊 166

歐 遊 心 影

著 者：鄭 向 恒
出版者：文 史 哲 出 版 社
http://www.lapen.com.tw
登記證字號：行政院新聞局版臺業字五三三七號
發行人：彭 正 雄
發行所：文 史 哲 出 版 社
印刷者：文 史 哲 出 版 社
臺北市羅斯福路一段七十二巷四號
郵政劃撥帳號：一六一八〇一七五
電話886-2-23511028・傳真886-2-23965656
實價新臺幣 三六〇元
中華民國六十六年（1977）九月初版
中華民國九十三年（2004）九月初版二刷

ISBN 957-549-573-X

養身在動　養心在靜
飲食有節　起居有時
物熟始食　水沸始飲
多食果菜　少食肉類
頭部宜冷　足部宜熱
知足常樂　無求常安

陳立夫書養生之道

歐遊心影序

門人李殿魁、鄭向恒伉儷，同治文學，同精樂藝，同爲名教授名學人，前年又同赴法國研究講學。一對璧人，天成佳耦，眞人間所希有。

向恒歸國後，時時在報刋發表記遊之作，偶然讀到，使我舊遊塵影，立刻湧現心頭，頗似故友重逢的樂趣。因此，我慫恿她把遊記結集印行，便利愛遊的讀者。今年暑假，正當考試繁忙，我卽將出國的時候，向恒把書局排印的一册校稿見示，她說：這册『歐遊心影』，包括遊記數十篇，有名勝古蹟的叙述，有民情風俗的描繪，有教育社會各方面問題的探討。因爲頗受讀者歡迎，書局特安排爲她出版。我是建議出版人之一，所以希望我爲她寫篇短序。

我廿年來，遊覽歐洲，往返不下十餘次，清景奇趣，盪漾腦海中，不招自來，揮之不去，眞有一份說不出的繫戀之情。深悔當初沒有提筆寫記下來，使得遊踪夢影，日久日淡，追憶起來，都感覺喫力。造物主爲我展示了無限瑰麗的姿采，而我却對它如此的冷寞，詩人說：「恨渠生來不讀書，江山如此一句無。」曾經讀書的我，怎能不愧對詩人呢？因此，每讀到向恒的遊記，便彷彿拾回了失去的樂園，感到莫名的怡悅。我記得，在巴黎，最使我着迷的是聖母院。我曾經一口氣跑完三百八十四級高厚的石坡，登上聖母院的鐘樓，眺望斜陽澹澹中的巴黎全景，眞是人間難得的「麗矚」，巴黎的斜陽尚且依依地不肯下墜，我這巴黎的旅客又怎肯輕易離去！我又曾在耶誕的夜半，驅車到聖母院的廣場，沉醉在聖誕彌撒的聖樂歌聲中，朦朦朧朧地飄蕩到無人無我的另一個世界。我當時是多麼傾慕，別後是多麼留戀，現在讀到「歐遊心影」中歌頌聖母院的文章，描寫得如此的動人，刻劃得如此的精緻，我忍不住摘鈔幾段下來：

有人說：「法國有很多中世紀的教堂，有的甚至比聖母院還老，為什麼偏偏她就這麼有名呢？」以下就是她成名的原因：

一、她是法國文學家威克多雨果筆下的「鐘樓怪人」故事發生地。

二、她的建築史，真是歷盡滄桑，比任何一座教堂複雜，興建始於十二世紀，直到十九世紀才又重建，成為現在的樣子。

三、她是為了獻給聖母瑪利亞而得名。

四、她的龐大、莊嚴、宏偉、造型結構奇特。凡是參觀的人，沒有不被她的雄壯所震懾的。因此，她是巴黎的守護神。

堂聳立於城島上的東南角，正門是朝西的。最上一層是兩座巨型的鏤空花白鐘樓，老遠看到她，就會想到安東尼昆所扮演的那粗獷的駝背怪人！最下層是三座相連的尖形拱門。十二門徒分立於兩壁。整個教堂外殼，無論牆柱上、壁上、門上，都是塑像與浮雕，包括了聖經上、教會史上的故事人物。

堂是用大塊大塊的石頭砌起來的，因為沒有橫樑，拱形的屋頂兩排，用了許多條石柱斜斜地撐着，從後面看去，像龍舟兩邊的許多槳。頂上尖尖的塔，伸入雲霄，是典型哥德式教堂的標誌。

屋簷上都是石塑的怪獸，醜陋不堪，頭向外伸出俯視下方。雨天時，屋上的積水可從獸的嘴巴流出，不致把牆壁滲濕腐壞。古代建築師之用心良苦，由此可知。

堂裏的空間又高又大又深。肋骨似的屋頂，離地面有一百一十五英尺高。全靠那些長方形或圓形的大石柱撐着，而石柱也是由石塊砌起來的。整個結構，如同巨大的石頭交響樂，真不愧為「石頭文化」。……

讀了這段文字，整個外觀雄偉、內型壯麗的聖母院，彷彿就矗立在眼前。有這麼一冊遊記，對我而言，恰好彌補了我疎懶的悔恨，對一般人來說，平居可供欣賞，旅行可作導遊，用處就更多更大了。

我常認爲，一篇好的遊記是不容易產生的。要性情超逸的人纔能遊，所以嵇叔夜說：「非曠遠者不能與之嬉遊，非淵靜者不能與之閑止。」要學問淹洽的人纔能寫遊記，所以毛詩傳說：「升高能賦，山川能說，可以爲大夫。」向恒具備寫遊記的條件，生花妙筆，又勤於寫作，將來搏霄萬國，橫覽九州，天地方圓，盡收筆底，必能名篇絡繹，層出不窮，願與讀者拭目待之！

中華民國六十六年七月十五日　潘重規　序於華岡

歐遊心影

目錄

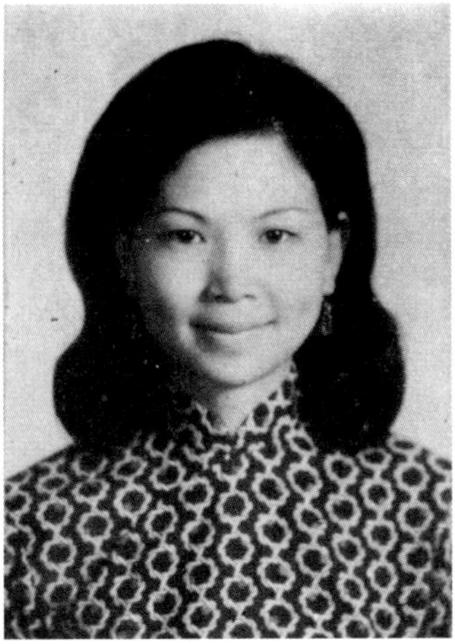

本書作者鄭向恆近影 一九七七年

作者簡介

鄭向恒女士，筆名湘念，國立臺灣師範大學文學研士。六十三年肄業於文化學院中國文學研究所博士班，旋又赴法國巴黎大學高等研究院，從事學術研究，業餘寫作，最近返國。

現任中國文化學院、淡江文理學院、世界新聞專科學校副教授。

鄭女士，是著名業餘國樂家，彈奏古箏、琵琶，音韻超凡。曾先後出國兩次，足跡遍歷非洲、歐洲各國演奏。已經出版的著作有：半個地球遊記、東坡樂府校訂箋注、陶淵明的作品研究與分析等。

作者伉儷攝於賽納河邊
國家廣播公司

院劇歌於影留者作

雕浮上門旋凱

莎士比亞的故居

莎士比亞誕生的房間

英國牛津大學一角

賽納河牆上之舊書攤

羅浮宮外的裸婦雕像

蒙馬特山丘上的畫家

蒙馬特聖心堂全貌

一之門側右院母聖

城島上莊麗的聖母院是巴黎的「守護神」亦是法國地理位置的中心點

河冰年萬之峯山斯卑爾阿

盧森堡公園：
盧森堡宮一角

倫敦泰晤士河畔的國會、西敏寺、鐘塔

橋木老古的城姍綠士瑞

一、臺北到巴黎

今天是啓程的日子，早上在睡夢中，五歲的小兒背著書包，爬上床來向我吻別，然後乖乖地去門口等校車；怕機場難分難捨，我沒有讓兒子知道媽媽卽將遠行。聽到校車駛去後，我抖擻精神從床上跳起，飛機是中午十二點多的，有充裕的時間作準備。母親正在厨房煎年糕，她說：「到了巴黎可吃不到臺灣年糕啦！」眞是，再過幾天就是農曆年了，此時此刻，離開孩子，的確於心不忍，但遠在巴黎的他，過了一年孤單生活，又迫不及待地盼望我去，人眞是矛盾，不能兩全其美！而且我的出入境期限卽將屆滿，不能再猶豫了。一切就緒後，十一點多鐘，到達機場，送行的除了家人外，老師、同學都不敢驚動。和母親、姑媽、向寬弟、女兒們一一吻別後，卽辦出境手續登機。

今天是個陽光普照的晴朗天氣，因事先向馬航提醒我有隨身攜帶之樂器（琵琶），因此特地給我安排在左右無人的一排座位上，以免妨礙鄰座。引擎發動後，一陣呼嘯直上雲霄，不一會就離開了美麗的寶島。穿越海峽，俯視海面白浪滔滔，海闊天空，心胸爲之大開，飛機在雲海中緩緩移動，愈飛愈高，層層白雲在視線中千變萬化，如棉絮，如雪球，如棉花糖，有的如滔滔白浪向你湧來；忽地，又萬馬奔騰，自遠方逸去，大自然之美妙，誠可讚嘆。

這是我第二次出遠門：第一次是在十年前，那次是參加中華民國赴非友好訪問團，由於是團體性的，送行之場面，可說空前盛況。那時父親尚未去世，曾親自送我入機坪，而今却獨自一人離開家人飄洋渡海，滿懷雄心壯志，赴巴黎進修研究，可是心情是迥然不同了。

因飛機起程延誤，到達香港已是下午三點多；往倫敦的飛機，是當晚八點半，因此，我獨個兒在香港機場休息室候機，來自各地的旅客穿梭其間，我飲了杯可樂，換來些零錢，卽和香港友人通電話問候；遇一老廣警察熱心替我看管樂器；之後又遇一位青年商人，適從歐洲考察經此轉機返臺北，他知道我要到歐洲去，特將他隨身帶的「出洋手册」送我，又給我幾個硬幣，用作付脚伕之小費，眞是他鄉遇故知。七點半乘小巴士進入停機坪，登上BR機艙。沾了樂器的光，好心的航空公司又給了我一排的座位。這是直飛倫敦的包機，座位甚寬敞，左右兩排，中間爲過道，我是靠左的。飛機起飛後，空姐笑容可掬地送來豐富的晚餐，兩位空姐服務週到；其中一位是東方人，臉龐清秀，大概因是同色人種，對我的照顧甚爲殷勤，晚餐非常講究，吃完水菓及飲料已是十點半了。另外一位空姐看我左邊位子空着，過來休息，交談了一會。此時飛機已高飛，氣溫下降，眞有高處不勝寒之感。旅客多半都已入睡，艙內燈光也淡了，悄然無聲，空姐站起來替客人們送毛毯，但我却毫無睡意，把擱在左位的手提包取來，稍事整理，却觸到一包東西，打開一看，是年糕及燻魚，眞是觸物生情；母親總是把子女當作小孩。不由得又想起臺北的親人，甚至在家中幫忙的阿巴桑也湧上心頭，無情的飛機愈往西飛，愈遠離了他們，看着旁邊的空位，眞後悔當初未辦兒子的出國的手續，人云：「思父母之心忍得，思子女之心忍不得」。

「黯然銷魂，惟別而已」的心情，此時眞是深深體會。算算時間，正是孩子們上床的時候了，在此高空，我默默地祝福孩子們有個甜蜜的夢。想想這個家，變化眞大，起初是外子奉派赴巴黎進修，接着家母離開了大弟弟一家，老遠從紐約回臺北，爲的是照顧我的孩子，好讓我也能抽身到國外看看。母親在信上說：「趁著年輕，多充實一下自己，我可以隨時回來替你們照顧孩子……」啊！母親對子女的期望，是無可言喻的。母親的犧牲，我這作子女的不知何年何月方能報答？想著，想著，不知何時睡着了，醒來時，發現機艙內已燈火通明，看看腕錶是臺北時間早上七點，迷糊中又吃了一頓早餐，窗外仍然是黑朦朦的。

飛行中途，經過中東國家 Bahrain，下機等候加油。一看此地時間又退回子夜一點半了；此時好幾架飛機在加油，旅客們都先後湧進休息室，東行西向的，一大堆人，我不敢隨便亂走，怕混到別的旅客羣中，上錯了飛機，於是提高警覺，跟隨在同機的旅客羣中，不巧正在此時，有位由別架飛機下來的老太太要向我借筆寫個風景片；而我也想趁此時把「出洋手册」取出翻閱，等該旅客將筆還我時，才猛地發現同機的旅客都不見了，而正在排隊出口的旅客都是手持BOAC航空公司的登記卡，我急得像熱鍋上螞蟻，手揮著自己的卡，抓着一位服務員問明，才知同行的都已上了飛機。原來，就在我全神貫注看「出洋手册」時，播音器已報過BR旅客登機的通知，此時，我奮不顧身的向停機坪奔去。黑夜中，有好幾架飛機在停機坪；眼睛一亮，這不就是BR標記的翼膀嗎？正欲攀梯而上時，前面又有一架同樣標記的BR飛機，這可慌了，先上去問問，空姐說這架是飛往香港的，我嚇得回轉身卽往第二架跑去，此時駕駛先生也正迎面奔來，手上揮動著我的名片——這是我用玻璃膠貼在樂器盒上的，空姐發現我座位空着時，急智之下，把名片撕下，交給駕駛先生到休息室播音的。啊！眞感謝這位好心的空姐、熱心的駕駛先生，也感謝我這個琵琶盒子，如果不是携著它，又怎麼會有這張醒目的名片呢？等我登入機門不久，引擎發動，卽起飛了。可是，我的心也都快跳了出來；怕引起其他人注意，還强裝鎭靜地入座。

回想十年前出國跑遍了半個地球，在空中飛行了一百零一小時，算是國際航空公司的老顧客，從未出錯，不同的是當初是團體行動，目標顯著，且隨時有人在旁提醒；而今我隻身一人，觸目皆是洋面孔，稍不注意，卽出岔子。由此可見團體行動之重要，我眞是太替自己慶幸了，如果誤搭第一架BR，就將飛回香港豈非天大寃枉？空姐怕我的樂器放在座位前會碰到，好心要把它搬到前艙特別座，還徵求我是否同意。結果我的琵琶，如同貴賓一樣地，被安排在頭等位子上。此時去倫敦還要六小時，我按捺下方才的驚恐，窗外仍是黑漆漆的，眞是最長的一夜，希望中途不要再加油了，卽使有，我也裝睡不再出機門了。

由於氣候好，航行順利，天微明卽到達倫敦，這時才倫敦時間早上六點半，比預定時間早到一小時。下機時發現有三位到歐洲留學的香港僑生，其中一位是到倫敦，另外兩位到倫敦分別轉機到巴黎及西德的，一聽說有到巴黎的，眞令我喜出望外，可惜這位到巴黎的，是乘八點的一班，而我是中午十二點多的，要在機場苦等六小時，幸好由於他的幫忙，向航空公司交涉，我可以提早乘八點的一班。等把行李提出來，交給這班到巴黎的，又去劃座位，等一切手續辦好，離起飛時間，只差十分鐘了，而那位仁兄却又因故不能和我同行，急得我一身冷汗，拎了樂器卽往出口奔去，一時東西南北也分不清楚，有好幾道出口，我眞不知應往何處跑，由玻璃窗向外望去，又是好幾架BR的飛機停在那兒，亂竄竄到一個檢驗室，有四、五個警員（包括女性），門禁森嚴地正在用儀器檢驗旅客隨身行李，女警員在我身上探測過，一看我這個黑漆漆的樂器箱，說一定要打開細查，我眞怕飛機開了；好心的警員要我先走，接著他幫我提著樂器，送我登機，並小心翼翼地把樂器盒送到我頭等第一排座位。此時旅客都已入座，也許還以爲我是「要」人哩——有警員護送。右邊一旁坐了一位手執雪茄的大亨。這時，才發現，在臺北機場母親送我的胸花，還別在大衣上，難怪旅客都以好奇眼光注視著我。空中鳥瞰晨霧中的倫敦，矇矇矓矓，如同遮了一層薄紗，如詩、如畫，十分鐘後卽離開了英吉利海峽，約半小時後，隱約中看到了巴黎的鐵塔，終於到達了目的地。這次的旅程，眞該替自己慶幸，一路上遇到的都是好人。測字先生說這天動身，一路有貴人幫忙，不知在科學說法上有沒有個「準」？

一九七五年，三月於巴黎。

（原載創新週刊一四八期）

二、鐘樓上看巴黎

凡是住過巴黎的人，都有這樣的經驗：穿上一雙舒坦的便鞋，安步當車遊覽巴黎，是一「智舉」；尤其登上凱旋門，週旋於星形廣場中央，或登上埃菲爾塔，聖母院鐘樓，那是別具風味的。

初到巴黎，也曾上過五十六層的蒙帕那斯的那座商業高樓，但那時初來乍到，除了一羣白牆黑瓦、紅樓而外，不知東西。

一年之後，在臨別巴黎時，我曾爬到聖母院的鐘樓上，手執導遊書、地圖，對着這古老的城市，作了一次最後的鳥瞰和囘味。這時才發現：「啊！這就是巴黎！」

聖母院被定爲法國的地理中心，也就是計算里程的標準點。站在這兒，環視四週，那平日踏過的每一角落，盡收眼底。無論城島上、或南北兩岸，都是十五世紀到十九世紀的舊式房屋。房屋的高，大都在六、七層。一堆堆、一方方、密匝匝的立體屋頂，像一個個幾何圖形。格局也都類似，頂上有A形小閣樓。巴黎房屋多、街道多、公園也多；到處是叢叢排排的高大綠樹，把城市點綴得更爲生動。

巴黎是藝術之都，到處是敎堂、史跡、塑像；到處是博物館、圖書館、劇場。

初來遊歷的人，對它莫測高深，依依不捨；舊地重遊的人，更是囘味無窮。城島，是巴黎的發源地；現在的巴黎市，就是以它爲中心，向兩岸擴張，愈變愈大。而城島附近一帶就成了巴黎的心臟。

聖母院矗立於城島的東南角；沿着塞納河邊，城牆上佈滿着長青藤。這座歌德式的建築，曾是法國大文豪雨果筆下「鐘樓怪人」故事的發生地。河上的遊艇每經過此地時，總要停留半天，供遊客們瞻仰拍照。它那朝西的龐大正門建築，夕陽西下時，景色最美，有「巴黎的守護神」之稱。

聖母院的前面是一個廣場，有賣藝的、有談情說愛的、也有示威遊行的，是年輕人活躍的地方。

廣場緊鄰，是座規模宏大的醫院。急救的人，多半送到這裏。對面就是市警總局。再靠北邊，是花鳥市場。往城島的西北走，是最高法院，最早是羅馬總督及查理五世的宮殿，後來改爲國會。它的北翼，聳立於塞納河畔的，是十三世紀到十四世紀的莊嚴建築。特別有兩個塔尖；右塔是用來保存皇家珠寶，左塔是十六世紀以來的國家監獄。革命期間，有成千上萬的死囚監禁於此。法國第一次民衆暴動卽在此地，審判路易十六皇后瑪麗安東尼的大牢，亦在裏面，迄今保留遺跡，供遊客參觀。

最高法院的右鄰，是皇家教堂。它是十三世紀以來，巴黎最古老的彩繪玻璃教堂；是全巴黎歌德式建築最美的一個。它的特點是僅用少而細的石支柱支持屋頂，七世紀以來，這些纖細的支柱，一直保持着平衡而未發生過問題。兩面的牆全是十五公尺高的彩色玻璃，利用光與色彩的配合，造成美妙的境界。堂內珍藏着聖路易九世在威尼斯買的刺冠及權杖。

島上的教堂、花鳥市場；以及兩岸的舊書攤，河中的流水、遊艇，構成一幅極美的風情畫。

視線移向南岸（左岸），是充滿浪漫情調的「拉丁區」。最早羅馬人曾居於此。舊式的房屋，顯得擁擠、雜亂。屋脊窄小、嶙峋，人口稠密。各小弄堂內有電影院，各色小吃、酒館，這一帶最平民化。

全巴黎市，分二十區。其中五、六兩區，是拉丁區的中心。

這兩區主要的大道是：聖密歇爾大道和聖日耳曼大道。前者與塞納河成直角形，向南偏西方向延伸。大道兩邊都是咖啡屋、書屋、電影院、服飾商店。顧客以學生爲主，東西比右岸便宜。路邊有阿拉伯人和非洲人設的零售攤子，販賣土產，小玩意爲主，每個角落都湧着人羣。

大道微呈坡形，名聞遐邇的索朋（SORBONNE），卽位於大道的中段左手。它原是修道院，今已成爲巴黎第五大學。屬於文法學院，有研究所，是學術與文化的精華，這兒有康德、雨果等銅像。

由索朋再往上去，是國葬院（又名萬神殿，名人墓）。最早是座教堂，其建築仿效羅馬聖彼德教堂的，是法國圓頂建築中最美的一個。內部圓頂天花板上都是圖案和畫，四週壁上繪着法國歷史故事。堂內葬有伏爾泰、左拉、雨果等文學家的遺體。

與名人墓隔街斜對的是盧森堡公園。園內有花壇、噴泉，以裸雕石像最多，是文藝復興時期的花園。水池邊、綠蔭下，有晒太陽的、有讀書的、有嬉戲玩耍的男女老少。

園內有盧森堡宮，亨利四世王妃曾住於此。

遊客加上學生，只見成千上萬的黑點，在這條大道上蠕動着，形成一條人流。

聖日耳曼大道是與塞納河平行，與聖密西爾大道交叉，它在第五區。書店多集中於此，咖啡屋是哲學文學家的聚會所，可謂文化大道。

朝着拉丁區，視線放遠到西北方向，巴黎的註册商標——鐵塔，可遙遙相望。聯合國文教組織大厦、陸軍博物館、拿破崙墓、廣播大厦等名勝都在鐵塔脚下，都在河的兩岸。

鐵塔興建於一八八七年，由埃菲爾設計，又叫埃菲爾鐵塔，於一八八九年世界博覽會時完成。

整個塔是由一萬多根鐵條架成，空隙如網狀。四個相等距離的塔脚把鐵塔支住。細細的塔尖，直伸雲霄。

塔高九百八十四英尺；分三大層，有電梯上下。內有餐廳、咖啡屋，以及販賣紀念品的商店。最上一層有「問心機」，丟個銅板，便可得到你所問的問題。塔下是一大片修剪整整齊齊的花圃，綠草如茵，加上右岸的巨型噴泉，眞是蔚爲壯觀。

視線從鐵塔收到近處，向北岸（右岸）鳥瞰，頗有賞心悅目之感。右岸的面積，約有兩個左岸大。房屋較之左岸的要規律、整齊。它包括了商業區、高級住宅區。從羅浮宮以西以北的地帶：大的銀行、證券交易所、高級時裝店、劇場，以及大使館都集中在這個範圍。因此，左岸的窮學生，常抱着「不過河主義。」一水之隔，却分成兩個不同的世界。

最接近視線的是：市政大廳、沙馬黑丹百貨公司、羅浮宮，及一系列的宮殿或大旅館，隔着河的右岸聳立着。

其中以羅浮宮最爲氣派，其面積之大，約有四十英畝，那突出的六角形屋頂，一棟挨着一棟，圍成好幾個直角，宮牆上都安着許多王公雕像。宮內珍藏了世界各國的名畫、古物等，至少要化三個月才能看完。宮外的杜伊勒花園，到處是一床床的花圃，種植着不同顏色的花卉。草都翦得整整齊齊，像個圖案畫。石雕裸像，都散落在噴水池邊及樹蔭幽徑中。鴿子成羣地在地上啄食。這兒有個小的凱旋門牌坊，再過去是片高大的楓樹，中間有條路，一直通到協和廣場（又叫共高德廣場）。

這個廣場位於北岸市區的中央，法人稱爲「世界上最美麗的廣場」，有人從這裏爲中心，向四面八方遊覽。

廣場的四週有八個不同的雕像，代表着里昂、馬賽等八個法國的城市，廣場中央曾是法國革命時斷頭台的舊址。中間是「一柱擎天」的古埃及石碑，其形如「且」字，有七十五英尺高，其上刻有許多埃及象形文字。石碑兩旁是巨大的碗形銅塑噴水池，噴泉在空中飛舞。

從石碑再往西走，與塞納河成三角形，就是一條筆直、寬闊、宏偉的香舍里榭大道，一百五十碼寬，三公里長。巍峨的凱旋門，盤踞在盡頭，與石碑以及杜伊勒花園內的小凱旋門正好成一直線。

由於大道成坡形，凱旋門像懸在半空，兩行的綠樹像是衞隊護着凱旋門，而埋在綠葉裏的水晶路燈就像是他們的眼睛。

香舍里榭又稱「仙」街，十線的馬路，以及慢車道、人行道，都是由小方石一塊塊鋪起來的。來往奔馳的車輛，滙成一長條車流，尤其晚上，車燈閃爍，如繁星墜地一般。

人行道的兩邊，都是六、七層樓舊式的建築。包括了航空公司、汽車公司、旅行社、服裝公司、劇院、報館，以及伸出行人道的咖啡座。高大的橱窗、巨幅的廣告，更點綴了大道上的風光。只要你一杯咖啡在手，就够你旁觀那些熙熙攘攘，形形色色的人羣。

盡頭的凱旋門，和鐵塔一樣是巴黎的標誌。它是法國光榮的紀念碑；是拿破崙時代造來紀功的，而於菲力普時代完成，門高一百六十英尺，寬一百四十七英尺，門上有浮雕羣像的戰史。最有名的是右門上的進軍，又名「一七九二年的出發」，慷慨激昂，看到雕像就像聽到了馬賽曲，令人迴腸盪氣，它是盧德的作品。

拱門下面是紀念第一次世界大戰時無名英雄碑，碑上搖曳着一股長明火焰，四週環繞着鮮花。每到黃昏，退伍軍人團就來此擧行儀式，碑上鏤着密密麻麻的字。

門頂可以上去，乘電梯，爬石階都可以。站在門頂俯視，十二條林蔭大道，像太陽的十二道光芒，以凱旋門爲中心，向四面八方放射出去。門下一個叫星環的廣場，場外有一圈大的車道，難以數計的車輛繞道於此，滙成一圈車河，打個轉，再向東南西北駛去。而路面石塊也以深紫色與灰色組成十二道光芒的三角形向外放射。

令人讚嘆的是：聽不到喇叭聲，而交通秩序井然。

一八四〇年，拿破崙的靈柩，被砲車拖着，通過此門，回到他的「深愛的法國人民之間及塞納河畔」，十萬多民衆在此夾道哀禱。

與皇宮成丁字形，向西北而去的，是筆直的歌劇院大道，盡頭是有名的歌劇院。面積一萬二千平方公尺，是世界最大劇院之一。最下層，有七個拱門，上面雕繪着與音樂有關的羣像，刻劃生動。

歌劇大道和香舍里榭，同是巴黎的繁華主幹，大的商店，如珠寶市場、服飾、香水、旅行社，都在這一帶。橱窗內五光十彩，是觀光客最愛去的地方。歌劇大道上也有許多日本人開的店。

如果把視線放到東端，羅馬式的圓頂建築——聖心堂，遙遙立在蒙馬特小山丘上。白色的圓頂，從巴黎的任何角度都可以看到，它像媬姆一樣，看守着全巴黎。

聖心堂的側面，鵝卵石鋪成的廣場上，是藝術家們的集中地，有着特殊的畫派，有寫生、有素描，大都是線條清晰的畫風。他們在紅色的帆布傘下，對着畫架，默默作畫，或替觀光客畫像、剪紙影。

大街小巷都是畫廊，陳列着大小油畫、水彩畫，吸引不少觀光客，形成巴黎的另一番情調。

蒙馬特山脚是有名的風化區，畢加兒街上，時有拉客的阻街女郎，春色無邊。大小夜總會，黃色書店，到處林立。有名的「紅磨坊」卽在這條街上，和山上的聖心堂相對，眞是天上人間，不知是否寓意着上有天堂，下有地獄？

（原載大華晚報六十五年七月十五日、廿二日）

三、因鐘樓怪人而出名的聖母院

有人說：「法國有很多中世紀的教堂，有的甚至比聖母院還老，爲什麼偏偏她就這麼有名呢？」

以下就是她成名的原因：

一、她是法國文學家威克多雨果筆下的「鐘樓怪人」故事發生地。

二、她的建築史，眞是歷經滄桑，比任何一座教堂複雜，興建始於十二世紀，直到十九世紀才又重建，成爲現在的樣子。

三、她是爲了獻給「聖母瑪利亞」而得名。

四、她的龐大、莊嚴、宏偉、造型結構奇特，凡是參觀的人，沒有不被她的雄壯所震懾的。因此，她是巴黎的「守護神」。

堂聳立於城島上的東南角，正門是朝西的。最上一層是兩座巨型的鏤空花白鐘樓，老遠看到她，就會想到安東尼昆所扮演的那粗獷的駝背怪人！

最下層是三座相連的尖形拱門。十二門徒分立於兩壁。整個教堂外殼，無論牆柱上、壁上、門上，都是塑像與浮雕，包括了聖經上、教會史上的故事人物。

堂是用大塊大塊的石頭砌起來的，因爲沒有橫樑，拱形的屋頂兩排，用了許多條石柱斜斜地撐着，從後面看去，像龍舟兩邊的許多槳。頂上尖尖的塔，伸入雲霄，是典型哥德式教堂的標誌。

屋簷上都是石塑的怪獸，醜陋不堪，頭向外伸出俯視下方。雨天時，屋上的積水可從獸的嘴巴流出，不致把牆壁滲濕腐壞。古代建築師之用心良苦，由此可知。

堂裏的空間又高又大又深。肋骨似的屋頂，離地面有一百一十五英尺高。全靠那些長方形或圓形的大石柱撐着，而石柱也是由石塊砌起來的。整個結構，如同巨大的石頭交響樂，眞不愧爲「石頭文化」。

堂內四週都是高大彩繪玻璃窗，窗下祭台兩邊玫瑰形彩繪玻璃窗，直徑就有三十英尺，其大可知。五顏六色的圖案，都是由小塊小塊玻璃鑲起來的。當時眞不知費盡工匠多少心血！

這種彩繪玻璃，在屋外看去，一片鐵灰色，必須在屋內才看得出其鮮明色彩。二次世界大戰時，怕把玫瑰窗震壞，特取下藏在地窖中，戰爭平息，才又裝上。

堂內有收藏歷來珍貴服飾的寶庫。譬如一八○四年拿破崙在此加冕時所穿的長袍亦陳列其中。

兩排大型的蠟燭圓盤吊燈，懸於堂內。入門處設有蠟燭台，燭光不熄，都是由教徒點燃，或紀念死者，或祈求心願。

堂是屬於國家的，因此，除了做彌撒外，還可以擧行音樂演奏會等，堂內可容納九千人之多。

堂前面廣場的地上，嵌着的銅牌，是巴黎的中心位置，也是計算里程的標準點。

爬到鐘樓頂上鳥瞰，則巴黎盡在脚下矣！

（原載大華晚報六十五年七月二十九日）

四、塞納河像藍色的緞帶

從空中鳥瞰法國，只是一大片平原；到處是沼澤，是歐洲最肥沃的一塊土地。

而塞納河，像一條藍色的緞帶蜿蜒曲折地穿過巴黎，把巴黎分成南北兩岸，河水悠悠，像首詩，又像是巴黎的靈魂。

巴黎人最引以為傲的就是河上的橋：不同的歷史、不同的結構。它們橫跨河上，有的是千年前造的，有的是近百年造的。每座橋，都有拱形的涵洞，或多或少，或大或小。當夕陽西下時，秀麗的柔波，倒映着半圓的橋洞，河上的玻璃艙遊艇悠悠穿過，晚風習習，眞是如詩如畫，令人陶醉。

這些橋不但溝通了南北兩岸（北區爲高級區、商業區。南區爲拉丁區、文化區。）且點綴了河上風光。

河的兩岸都是成行的楓樹、梧桐樹。夏天時，綠蔭如蓋，生氣盎然。秋天時，片片落葉飄在河上，更富詩意，正是范仲淹的「碧雲天，黃葉地」的絕好畫面。

在塞納河畔散步的人，是不會寂寞的。兩岸樹蔭下，河堤上的舊書攤，（約五、六里長），是河畔一大特色，足够讓人們消磨半天的。

書攤最多的是聖母院兩岸一帶。一格格、一箱箱的書櫃，展示着各種的小書，除了舊書，也有新的暢銷小說及雜誌。這種書，通常用玻璃紙包住，只露出書名，以免翻壞。

除了書籍，還有寫過字的舊明信片、古董、郵票、新舊巴黎地圖、風景片、紀念品，以及複製的名畫，價錢大都一致。

坐在書攤旁邊的折椅上的「掌櫃」也是河畔的特殊人物，他們多數是中年以上的人，與世無爭，一副名士派。有人來，就照顧生意，沒人來，就閉目養神，或欣賞岸上風光，高興起來，跑到附近咖啡店或酒店喝上一杯。書攤上留個「馬上回來」字樣。

咖啡店、花市、鳥市、也是河畔風光之一。

咖啡店大都是伸在人行道上，冬天是玻璃屋，夏天則撐着陽傘，露天設座。只要你一杯咖啡在手，就可在此消磨半天的時光。學生最多，有的在此研究功課；有的談笑作樂，有的沉思，對着河上風光，不知產生多少靈感。令人想起孔老夫子的「川上」之嘆，不是無意義的！法國的文學家、藝術家、哲學家、都是這兒常客。

在市政廳的附近，也就是書攤的對街，有一長排花市，擁簇着各式各樣的鮮花，爭奇鬪豔地，好像鮮花展覽會。尤其夏日，玫瑰香味，撲鼻而來，所謂「花都」應指這兒才對，除了鮮花，還有各類蔬菜，花果的種子出售。

其他諸如，鳥籠、狗籠，以及金魚罐、小白兎、山鷄等家禽之屬，也由店舖排到人行道，供遊客賞玩，選購。其中「狗」，尤其是法國人的寵物，臘腸狗、哈巴狗、獅子狗、老虎狗，種類繁多。河畔不乏攜狗踱步的人們，這也算河畔的風光之一吧？

（原載大華晚報六十五年八月五日）

五、巴黎的橋

塞納河上城島西端最美的，要算是連接南北兩岸的「新橋」（或九洞橋）。它是我走過次數最多的一座橋。橋下的九個橋洞，遠看如同九個包廂跨越河上。它是巴黎人最欣賞的許多橋樑之一。從橋望去，兩岸是平行的街道，佇立橋上，河中央的城島風光更是一覽無遺，聖母院正可遙遙相望。

在革命之前，這座橋是巴黎人生活的中心，大批的人們在此騷動，有演街頭劇的、耍把戲的、賣古董的、賣小吃的，甚至還有拔牙的……眞是形形色色，五花八門。

如今時過境遷，昔日種種，隨着流水付諸東流。寬闊的馬路上，起而代之的是穿流不息的車輛。人行道旁的石凳上，偶有歇脚的人們，憑着石欄，看落日流水。

橋的中央，費迦廊廣場上，有座亨利四世的銅像，他手執寶劍，騎在馬上的英姿，是新橋的標誌。

亨利四世，是法國人的理想國王。法國內戰多年後，在亨利四世的領導下，才經濟復甦，人民生活安定。他曾經提出一句話：「每隻鍋子裏，有隻雞。」迄今他還活在每一個法國人心目中。

無數的鴿子，環繞在銅像的四週；尤其頭上的一羣，如同給銅像戴了花冠。銅像外表因長年受水氣的浸蝕，而染上一層綠色，顯得古色古香；沒有人去擦拭，法國人就是這樣迷戀於舊有古跡。

費加廊廣場後面，有個小石階。石階而下，可通到橋下的一個長堤小公園，是城島的最尖端，呈三角形。遊艇常泊於此，供遊客上下，或招攬生意。

公園內有高大的楓樹、梧桐樹，枝葉茂密，是夏日避暑勝地。

在此，時可見到踽踽獨行，悠然徜徉的人，他們看行雲流水，沉思遐想，悠哉遊哉，似與城市隔絕。

有人在此垂釣，帶着紅酒、麵包，就可消磨一天。

有人在此聊天、逗趣，或看書、或做夢。

綠蔭深處，更有着濃情蜜意的情侶們。

總之，這塊樂土上，充滿着浪漫情調，更點綴了城島上的風光。

從協和廣場靠左向河邊走，是有名的共哥德橋（Pont de la Concorde），橋的入口正對著廣場上的埃及石碑。

這座橋是以巴斯底（Bastille）監獄拆下的石頭所建的。橋的左岸，是有名的早期共德（Conde）王子的皇宮。

對此皇宮，拿破崙一世曾授命建造希臘帝國式的高大柱廊，以與右岸的希臘式「馬德蘭納（Medeleine）大教堂」成爲相對的二大建築物。

時至今日，這座皇宮已成爲今日的議會。因此，這座橋上來往行人車輛更形稠密。

從陸軍博物館或拿破崙墓出來，經過安瓦里達及法航公司，就是有名的亞力山大三世橋（Le Pont Alexandre III）。這座橋建於一八九六年，到一九〇〇年世界博覽會在此開幕時完成的。橋面有三百五十英尺長，一百三十英尺寬，稱得上「雄偉壯麗」的！兩旁有寬濶的人行道。

橋口兩端的高大石墩上，是法文或俄文鐫刻有關塞納河的寓言。高高的石柱上站著一些金色的雕像，女神兩翅飛張。橋樑左邊是法國文藝復興運動與法國路易十四的雕塑。右邊是法國古代與現代的人體雕像、海神等。整個橋都被可愛的小天使雕像裝飾著。兩邊橋垣上各豎了十幾桿路燈，每一桿頂着三盞典雅的燈罩。橋的兩頭是大型的電桿，每桿上有四五盞燈，桿柱四週圍著三個肥胖的裸嬰雕像（銅已發綠）。晚間，燈火通亮，光耀眩目，是這座橋上的特色。

第一次經過這座大橋，正是夕陽西下時。靠著橋欄，欣賞晚霞景色，眞是令人陶醉！右岸鐵塔的尖端在樹梢中隱約可見。

過了橋，沿岸皆是大小皇宮；金碧輝煌的古典建築，更襯得這座橋的壯麗雄偉而有氣派了。

到了右岸，經過幾個宮殿，就可直通有名的香舍里樹大道。因此，這座橋是溝通南北兩岸精華區的要道之一。它的吞吐量也是相當可觀的。

塞納河上的橋，是巴黎的最大特色。它是巴黎的文化所在，也是巴黎的靈魂。

難怪每年有成千上萬的遊客湧向巴黎，替法國賺得不少外滙哩！

（原載大華晚報六十五年八月十九日）

六、大學國際城

位於巴黎南端的大學城，面積相當廣闊，很多初去的人，都以爲這就是巴黎大學的所在；其實，它只不過是一個國際學舍而已。全名是巴黎大學國際城，因爲名字太長，而簡稱「大學城」。

舉世聞名的大學城，包括了美國館、英國館、日本館、挪威館、瑞士館、意大利館、德國館、越南館、伊朗館以及法國外省館等等。各國都是優先批准各該國的留學生先行住入。如果尚有空位，則可讓其他的留學生住入。

每個館都具有其本國的建築風味的；譬如日本館是東方情調的，古色古香的木造房子；伊朗是個產石油的國家極爲富有，因此，伊朗館是十層樓現代化的建築，宛如觀光飯店；美國館，雪白的外牆上，爬滿了長春籐；而你站在荷蘭館前，就如置身在阿姆斯特丹；墨西哥館都是大石頭砌的房屋，有着原始風味，各國的留學生都集中在此，眞是名符其實的國際城。

「哇！法國政府眞有魄力，替外國學生造了這麼多各具風格的宿舍。」我說。

「各館的土地，是由法國政府撥出，而房舍則由各國撥款自行建造的，法國政府並不吃虧哩！」外子說。

「可惜沒有中國館。」我說。

「聽說當年法國政府也撥了地給中國，中國政府也撥了款，但是後來也就不了了之，沒下文了！」同行的友人回答。

「哦，如果在這兒造座宮殿式的中國館，該有多出色！」外子惋惜地說。

「唉！中國來的留學生，最可憐。總是寄人籬下，申請別國的宿舍，還要等空位，才能住進去，常常是石沉大海，杳無音訊。」朋友說。

基於以上原因，中國留學生在大學城又少又分散，雖然有很多東方人，但都是越南人、或日本人。

大學城的宿舍，有單人住的，也有夫妻住的，空間都相當寬敞。除了有錢的像美國館有套房外，一般說來，各館設備大致相同，都有暖氣。厠所、洗澡間都是公用。房內有洗面盆（熱水）、衣橱、書桌、書櫃及基本家具，並有電話對講機。門口有門房，管理一切，包括信件、客人留話、收費等服務。單人房租每月在二百法郎到三百法郎不等，（一法郎約合七元臺幣），隨物價指數調整。

大學城本身就是個很美的大公園，館與館之間都是綠草如茵，花木扶疏。另外還有一個大的草坪，以及各種球場。眞是讀書、運動的好環境。

除了各館，還有一個行政大樓及正門的「國際館」。國際館內有健身房、圖書館、劇院、餐廳等。在這裏，特別要提的是餐廳的問題。

法國政府對學生的福利方面可以說是相當重視的；譬如助學貸款、醫藥保險，以及各類津貼等等。

就以吃的方面來說，「民以食為天」；尤其是學生，如果吃的問題不能解決，或營養不良，都會影響學業與身體的。說小是小問題，說大却是國力富强的基本大問題。因此，法國教育部的預算中，特別撥了大筆的款項，在大學宿舍或大學附近地方，設置了許多「大學餐堂」。整個巴黎市約有三、四十處。每處座位約百餘到千餘不等。就以「大學城」來說，除了國際館的一個大餐堂外，還有「南飯堂」、「西飯堂」，就解決了所有住宿生吃的問題。國際館內的大餐堂，約有五百座位。

大學飯堂，稱得上物美價廉，經濟實惠。學生票只收原價之半，法國政府相對的津貼同數。換句話說，本來要六法郎才可以吃到東西，你只須付半數就可以享受了。

當然享受這種待遇，是有條件的。那就是大學生必須在三十歲以內，研究生在三十五歲以內。正式註册後才可取得「大學飯卡」，有效期一年，憑卡購卷，一次可買十張，不得零售。學生卷三法郎，超齡卷五法郎，過客六法郎。雖然每年在加價，但是和市面上的物價來衡量，還是值得的，因爲學生每餐所費，僅合一般自助餐的四分之一代價而已。身份不同，價錢不同，食物却是一樣的。

大學飯堂是有組織的，「飯卡」係由各學區的學生服務中心發給的，飯堂設備、管理、衞生都稱得上完善。由於係自助餐的方式，清潔工作有機器操作，員工並不太多。

一天供應兩餐，午餐係由十一時半至一時半，晚餐係由六時至八時。排隊入堂，輪到你時，要出示飯卡，門口有管理員查證。然後順序取盤、杯、刀、叉、匙，然後再領取食物。食物都是一份一份地分好裝在紙盤內，陳列在一排的櫃台上，任食者自由選擇。櫃台上的食物，不斷地補給。

菜有主、副食之分，極具營養價值。主食之前有開胃小菜，如一小片香腸或罐頭沙丁魚等。主食不外鷄、牛排、猪排、牛肝、魚、蛋等。其中魚、蛋是規定週五吃的。副食則不外薯條、薯泥、生菜、四季豆、菠菜、米飯或通心粉。樣數雖多，每類都只能任取一樣。最後是甜食，或水菓、起司，三種也是任取一樣。甜食包括糕點、冰淇淋。水菓則是應時的，不過學生都喜歡吃「起司」，飯後如果不吃起司就好像失去了什麽似的。取好食物，端着餐盤，最後一位管理員檢查你有無多拿，合不合規定，然後收下餐卷，你自己找位子坐下。位子大都是火車座似的，有四人對坐的，六人對坐的，氣氛非常融洽。但是吃完後必須起身離席（旁邊有人等着）。

麵包和清水，是自己去取的，沒有限制。法國的脆皮麵包是有名的，外皮香脆，裏面柔軟。本來是長條的，爲了食取方便，才切成一節節，丢在竹筐內。至於飲料方面，許多人不愛喝白水，可以去櫃台買牛奶、果汁酒、啤酒等，價錢都比外面便宜。

爲了省去洗滌碗盤的時間及人工開支，除了刀、叉及大盤外，其他諸如盛食物的紙盤及吃甜食的塑膠小匙，都是吃完就由食者清除到出口的垃圾筒內（隱蔽的）。最後只剩下刀、叉，大盤送到洗滌窗台上。刀、叉是分別丢入容器內的。眞是清清爽爽，很容易解決善後問題。

在大學附近，也有一些不是法國政府津貼的自助餐館，但是價錢還公道，介乎大學餐廳與普通餐廳之間。顧客大都是卅五歲以上中年人或低薪市民，也是購卷及飲料另買的。並且政府機關也有餐廳，其形式差不多，但內容有好壞，價錢也比較不同，像我們在國家圖書館看書，有時也吃館內的職員餐廳，每餐七塊多法郎。

總之，吃在巴黎不是嚴重的問題，除了法國餐廳外，還有中國館子、越南館子、意大利館子、阿拉伯館子，眞是各國口味的總滙。

（原載大華晚報六十五年二十六日）

七、雕像館巡禮

舉世聞名的羅浮宮，眞是看也看不完，寫也寫不完。無數的繪畫、古物、雕刻，不知吸引了多少遊客，也給法國賺了不少外滙。

每次面對這雄偉的宮殿，就不得不讚嘆古代法國建築工程的偉大。皇宮興建於法王腓力浦時代，後來歷經幾代王朝的大事擴建，直到一六八〇年，皇室遷到凡爾賽宮後工程才算停頓。至於正式把它改爲博物館，却在拿破崙一世，這位雄才大略的皇帝，曾大量地收集了各國的藝術品，使得羅浮宮成爲世界上，藝術古物收藏最豐的博物館。

現在館內收藏的藝術品，號稱有二十萬個項目，實際上可粗分爲埃及、東方、希臘、羅馬的古物以及雕像、繪畫等藝術。

其中雕像部份似乎全是星羅棋布地陳列在第一層及地下室。

一層的左翼及地下室，全是紀元前至十三世紀，以宗教故事和殉教者傳記爲主題的雕塑。一進去就聞到股濃厚的宗教氣味。一座座的石棺上面，都是仰臥或斜臥着死者的全身浮雕，有的是古代的帝王將相。有單獨的，也有夫婦同棺的浮雕，都刻劃得維妙維肖，而且雙手合在胸前作禱告狀。脚頭有守靈的獸類。壁上也都是大幅的浮雕。最熟悉的是：耶穌受難及復活的故事。

一層的右翼及地下室，大都是文藝復興十九世紀的石雕像。有男像，有女像；有半裸的，有全裸的。眞是「玲瓏剔透」，「栩栩如生」。包括了歷代名人、希臘神話、天使、英雄以及羣體。我眞是讚嘆那些雕刻家手法之細膩，刻劃之入微。

文藝復興以後，「人文藝術」這玩意也抬頭了。雕塑的對象由宗教而王侯，而平民，由寫實到浪漫；甚至剝去了宗教外衣。他們強調的是裸體美。男的，儘量刻畫其肌肉筋、骨、力的英雄氣概；女的則表現其裸胸胴體，以及婀娜多姿的曲線美。尤其半裸的，在那乳白的大理石上，你會感到一襲輕紗，籠着一尊豐盈的胴體，隱隱的衣褶，緊裹着上帝的傑作！

每一座雕像都是出自名家之手。雕刻大匠米開郎基羅（Michel-Ange）的傑作——「受束縛的奴隸」及「瀕死的奴隸」，被供在地下室的中央。赤裸的身軀，刻劃得有血有肉，而且有力。面部却是一副掙扎、痛苦、無奈的表情。這手法是不尋常的，可以想像出作者當時的一種情感！

至於米羅（Milo）的愛神——維納斯石像，與米氏的作品迴然異趣。她五官端莊，表情嫻靜。可惜鼻尖稍有損壞。雖如此，她的四週仍圍以繩索，不准遊客靠近。許多參觀者執相機，從各角度獵取鏡頭。她之所以吸引人，據說她全身各部份的比例，是人體美的理想標準。而神秘處却在其兩支斷臂。

薩摩司雷司（Samothrace）的傑作——勝利女神，也是衆所爭睹的。這座雕像必須從遠處看，才看出她的生動。她站在一個石雕的船頭上，伸張雙翼，一副我欲「乘長風， 破萬里浪」，迎接勝利的神采。因是頂着風， 衣裙緊貼着身軀，更顯得曲線玲瓏。雖是石刻的，而衣褶裙却好像在搖曳着，神秘處却在她的無頭。

所有的雕像中，最討我喜歡的是那些稚童及安琪兒：肥滾滾的四肢，圓圓的臉龐，俏麗的小嘴，還有那會說話的眼神。

印像中最深刻的是一個「偸吃葡萄的男童」。實體大小約三、四歲，他仰着頭，雙手勾着樹上垂下的一串葡萄，因要用力，小肚微向外挺。小嘴微張，曲捲的頭髮向腦勺後垂着。小腿圓鼓鼓的，每個脚趾，似乎都在用力，眞是人見人愛；尤其那光溜溜的身子，令人眞忍不住想上前抱他一下（眞後悔忘了記下作者的名字）。從刻劃上，可以體會出作者那種赤子之心。

至於名人雕像部份；無論是皇室貴婦，帝王將相以及學者名流，其個性都被雕琢得躍然如生。

拿破崙全身或半身的石塑像，極爲傳神。立着的一尊，被供在進門轉角上。

短小挺拔的身材，披了件聖袍，頭戴王冠，手執權杖，面部輪廓突出；尤其那對悲天憫人的眼神，正如他在愛爾巴島臨終的遺囑上所說：「回到我深愛的法國人心中，及塞納河畔。」

總之，只要你走進羅浮，就是走進歷史。譬如供着維納斯雕像的這個圓形房間，曾是路易十四母后安娜的浴室。

法國的歷史，藝術、建築、常常都是互相有密切關係的。

常看到家長或老師們帶着一羣孩子在館內，把歷史，文化，具體地方介紹給下一代，這是可以借鏡的「民族精神教育」。

除了羅浮的雕像館，另外在左岸還有個羅丹館，專門收藏了這位十九世紀的雕刻大匠——羅丹的作品。其中以「沉思」最爲有名，其他許多強調男女之間親暱的姿態，似乎是讓我們東方人無法全盤接受。

（原載大華晚報六十五年九月二日）

八、木乃伊●墓壁

無論在羅浮宮或是大英博物館，東方部門的文物古蹟，都是以埃及的最多；大至廟宇的石柱、人面獅身、石碑、木乃伊，以至於壁畫、飾物等等。其中予人印像最深刻的恐怕就是那些大小不等的木乃伊（Mummy）的石棺及木棺了；尤其在大英博物館的二樓，有一大間，全是豎着的，橫陳的木乃伊的木棺。有的在玻璃橱內，有的敞着的。想來大英帝國也够狠的，連埃及祖宗的棺材也不放過！

記得第一次在羅浮宮看到這些龐然大物時，不知是何物。只覺得怪有趣的；一條比人身長的木頭上漆繪得五彩繽紛、金碧輝煌。頭上一端或繪或雕刻着漂亮人像。筆直的頭髮，一絲不亂的垂於耳際或胸際。圓圓的臉龐，大大的黑眼珠。男的，則留着一排整齊的鬍鬚。

這種長的人形木櫥，都是前後兩半合起來的，裏面剛好放進一個木乃伊，有的故意把上層蓋打開，可以看到裏面，和外表一樣密密麻麻刻鏤着文字或圖案，色澤如新。起初以爲是埃及的木雕藝術，曾仔細對着端詳，後來外子告訴我說：「這些東西，都是用來裝木乃伊的，上面的楔形文字以及繪畫都是記載死者生前的事蹟，或頌揚武功，武德的。」

我眞不敢相信這些人形的彩繪櫥子，竟是盛死人的棺材，後來在一個玻璃櫥內看到一具由櫥中取出來的木乃伊時，才信以爲眞。

想不到一具兩千年以上的屍體，却吸引了難以數計的遊客。起初不敢靠近，但是看到那麼多圍觀者，也就不知道害怕了。

這是一具小男孩的屍體（約十來歲左右）。全身用白麻布緊緊地纏住，硬硬地像個石膏似的。上面也漆了些經文圖案，對着他，不由得不佩服埃及人對死人之重視。尤其對屍體之保存防腐，眞是發揮了最高智慧。他們知道把屍體內的五臟除去，然後遍體塗以椒花芸香（可以防蟲），再又泡浸在藥石鹼水中（防止腐爛），然後取出風乾，塗以松香、麝香……最後用幾十丈的白麻布，一層層地纏着，裹着（如軍人綁腿），使之密不通氣。

聽說古代埃及有錢的王公貴族才有資格用這種方法保存遺體於千秋萬世。那些木乃伊的石棺或木棺上，所刻的象形文字，簡直和我國象形文字大同小異。譬如說鳳鳥的鳳字，不但字形相似，而且意思相同——都是象徵吉祥的。

在我國春秋時代就提到「鳳鳥」爲一種仁孝之鳥，幾百年始得一見。

在古埃及也傳說鳳是一種靈鳥，啣着父鳥遺體飛往太陽神寺落葬。因此全身塗以金羽毛。

我不知道，這究竟是古人不謀而合的迷信呢，還是在春秋時代，我國和古埃及巴比倫有了文化交流？

至於保存屍體防止腐壞，早在我國二千年前，就知道要用木炭，來防墓穴內的潮氣，如：

呂氏春秋節喪篇：「家彌富，葬彌厚，棺椁數襲，積石積炭，以環其外。」

左傳，成公十二年傳：「宋文公卒，始厚葬，用蜃炭。」

可見用木炭防濕氣，早在紀元前六世紀就有了。

又三國志劉表傳注引：「表死后八十餘年，至晉太康中，表冢見廢，表及妻身形如生，芬香聞數里！」

由此段可證古人早就知道用香料來防止蟲蛀，這方面的智慧似乎與古埃及也是不謀而合。

再從近年共匪盜挖的長沙馬王堆墓來看，裏面的屍體，以及陪葬物如漆器、竹木器、竹簡、絲織品、彩繪帛畫等等都保存得好好的，更證實了我們祖先對於葬物的保存方法是很科學的。

據說墓室裏面塡滿了厚厚的白膏泥，而且堆積了約一萬多公斤的木炭。在打開洞口時，有一股氣冒出來。如果有火種的話，就會引起燃燒，火燄可以冲得很高。墓裏的三棺三椁就是不讓空氣入內。

一個墓室保存得如此完整，一方面是墓穴挖得很深，另方面是封得很嚴密。我們的祖先眞不愧是建築學家、化學家、地質學家、醫學家啊！

以墓壁來說，無論埃及或中國，都喜歡在墓室的壁上以連環畫的形式，繪上或雕鏤着死者生前的形狀或一些陪葬圖，而且色澤如新，不因時間的久遠，而減損消失。尤其漢朝的壁畫，大都以土黃爲底色，非常莊重典雅，所繪之人物亦線條清晰，和埃及的相似。令人不得不懷疑漢朝有少數民族是來自埃及的。

在構圖方面，埃及的壁畫或壁雕，似乎都是以側面的人物、動物爲主，鐵絲似的頭髮，濃濃的眉，單隻大大的眼眶，表情呆板，這方面的藝術是不及我們的。

漢朝的墓壁，是注重刻劃人物的性格的。譬如「宴飲圖」、「樂舞圖」、「耕種圖」、「獵射圖」等等，畫面生動。從這些跡象都可以看出當時的社會經濟之繁榮景象的。尤其是「百戲圖」，許多穿着各種不同色彩的袍服，踞坐于席上，宴飲作樂，觀看百戲，席前繪有杯盤碗箸之屬。在上述兩排席坐的人物的中間空地，繪有跳丸、盤舞、巾舞等百戲圖像，畫面色彩富麗，人物衆多，表演百戲的緊張和歡樂的場面都描繪得相當生動。由這些珍貴的壁畫中，足以顯示我國漢代的藝術家造詣是相當高的。

總之，中華民族的古代文化、歷史，是很輝煌的。

（原載創新週刊一八九期）

九、流落在海外的敦煌壁畫

在巴黎有家博物館內珍藏了許多敦煌壁畫，其中有幾幅巨大的壁畫，深深地吸引了我。它們都是北魏到元朝近一千年的藝術品（約四世紀到十四世紀）。

我對藝術是個門外漢，但是直覺地感到壁畫的顏色是這麼地濃艷而鮮明。驚訝的是迄今它還保持了原來的色彩。

它的題材包括了各種人物、神話故事、民俗風情以及幾何紋樣的圖案裝飾等。每一幅畫面上都是豐富的圖様，極盡其變化之能事，有着西域藝術的格調。在同一館內的另一部門參觀過西藏、印度等的壁畫後，更證實了當時的畫風是受着佛教的傳佈及西方藝術的傳入而被吸收運用了。尤其是西域作風的藝術曾積極地引起了中國圖案畫的發展。

壁畫中以隋、唐的居多，而粗觀兩朝之筆調，顏色顯然是不同的。以佛經故事人物來看：隋朝大都用筆粗獷，而顏色暗淡，有些面部五官不清，只有一模糊輪廓。唐朝則用筆細緻，而色彩明淨，面部五官工整細密而高雅。

至於內容方面，由於佛、道的盛行，似乎都與佛有關；譬如飛天、伎樂天、經變、報恩、蓮座、白兎、獅子、樂隊，供養人等都是從現實生活中擬取出來的形象然後加以想像化。因此這些作品中，就自然與當時人們的生活和想像有着密切的關係。

從壁畫中不但可以看出我國古代藝術的輝煌成就，而且可以嗅到當時一般生活的氣息。在研究我國文化遺產，歷代衣冠文物制度乃至美術工藝圖案方面，都有極大的貢獻。

看了這些古代的藝術品，更以我們的祖先爲傲。

一九七五冬記於巴黎

（原載創新週刊一七四期）

十、上天下地的交通

有人說：「白天巴黎的人口，一半在地面，一半在地下。」當然是有些誇大，但是也足以證明地下車，在巴黎的吞吐量，是相當可觀的。

一般公務員、學生似乎都是坐地下車；這是一種又方便、又經濟、又快速的交通工具。路線多，又不受地面交通擁擠的影響。

巴黎市區房荒嚴重，租金昂貴，人們大都住在郊區。上、下班全靠地下車，它每天一早把人們載進市區。黃昏，又把人們快速地疏散到郊區，然後再自己駕車回家，總比在市區租房子划算。有些線甚至延長到郊外，無形中，縮短了城市與鄉村的距離。

地面上，雖也有其他交通工具，如私家車、巴士、的士，但都不如地下車方便。私家車常爲停車而煩惱。一個不對，就罰款。當然也有「巴士」，但班次不多，行駛速度又慢，碰上紅燈，常誤了上班、上學時間。因此，乘客不多，到是那些老年人，閒著沒事，坐着慢呑呑的巴士，還可以一路飽覽街景。至於「的士」，其車資之昂貴，似乎無人問津。基於種種，地下車還是廣受人們歡迎的。

巴黎的地下車，有十四條線（還在增加中），組成一張網，貫通東西南北。

據記載，巴黎的地下車第一條東西線，始於一九〇〇年，是第二個有地下車的國家，僅次於英國。英國地下車始於一八六二年，開始時用蒸氣，而巴黎的一開始就用電動。目前以歐洲來說，巴黎的地下車是首屈一指的。

只要你手上有地下車路線地圖，找好換車點及車行方向，就可以到達你要去的目的地。每個站都有大幅的地下車路線圖，不同的顏色代表不同的線路。有的大站還有電鈕路線指示圖，只要按一個您要去的地方，該路線卽由亮燈指示。車廂內的兩邊六扇門楣，都是全線每站站名及換車點的站名表，非常方便。每站站頭牆上有大字的本站站名，你只要稍微裏外注意一下，總不致錯過站頭，還不知道下車，這點法國的公車及地下車均做得很週到，不像我們的公車，車內無路線站名牌。（站頭雖有站牌，司機先生多半停車忽前忽後，使乘客不知看那裏，常常使乘客、車掌、司機引起爭端！）

據統計，這十四條線，光是停車點，就有三四四個，交叉換車點有一二二個。其中最長的線上有卅六個站。最大的換車點有五條線，再加上火車、巴士，眞是名符其實的交通方便。

地下車每小時以二十五公里速度行進。站與站之間，平均約一點四分鐘行駛。平時兩三分鐘一班，最多不超過五分鐘。上下班時，則一車接一車。

每列車有五節車廂，係用中型電軌鐵輪，六百伏特電力，有的新車則改用橡皮輪，平穩舒坦。所有車廂內，禁止吸烟，在車廂內經常看到這樣的廣告：「不准吸烟，甚至迦里亞香烟。」無形中替迦里亞香烟做了宣傳，法國人宣傳的技術由此可見。

五節車廂前後四節是二等，當中一節爲頭等。每節車廂，頭尾及中間都有門，供乘客上下車。頭等車廂，每經過月台，一定停在月台正中。車廂底部與月台平高，而且距離只有二三寸。因此，上下車不必擔心跨越。

所有的門，都是自動開關的。因此，乘客動作一定要敏捷，稍一遲疑，就會被夾住，或被摒在門外。不過，遇到人多的，他們擠車有個秘訣，不要面向裏擠，而是背轉身，用背把車內人往裏頂，而后把着車門。

不管有沒有上下車的乘客，地下車是每站必停的，不像巴士車柱上，到處裝有按鈕。某站下車，必須事先按鈕，車頭才亮着「下站停車」字樣。

地下車票有頭、二等之分。一般乘客都坐二等。二等票除了零售，還有「星期票」，一天兩張，十二張一組。上面印有星期幾，約合臺幣六十元左右，比坐巴士便宜。另外有單張新發行的橘黃月票卡，約合新臺幣四百元。在一定範圍，巴士及地下車均可無限制搭乘。一張票，從自動驗票機進去後，票上就印有站名代號及入站時間，以供查票員驗票。只要你不出站，不管你去多遠，換多少次車

（注意不能坐到末站），都不須另加票價，和倫敦的分段收費是不同的。

爲了配合機器的需要，所有的票都是用硬卡紙做的，一律黃色。出口時，隨手丟棄。因此，地下車的出口，遍地「黃金」車票。雖然有垃圾筒，但是鮮有往垃圾筒丟的。

巴士，也設有自動驗票機，是在車頭，採「打洞」方式。當然，巴士的漏票機會比較大。有的人把用過的車票不予拋棄，上車時再度揷入機器。「卡喳」一聲，亦可以瞞過司機。但是一經查到，罰款是很重的。

公車是分段加票的，從市區到郊區，線長則需要打四張二等車票。星期票不適用。

地下車在上下班時最擠，爲了預防搶上車，及超載的事件發生，當車進月台，走廊通月台上，有扇又重又厚的電動鐵門，它會自動關上，等車子出站後，再行開啓，讓後來的人入站。不會造成紊亂，也可讓下車人不致擠在站上，走不出去。

地下車站內，入口有售票亭、書報攤、公用電話、自動販賣機等。走道上有賣藝的流浪藝術家，喝醉的，討錢的，形形色色。甬道及月台兩邊壁上，都是巨型的廣告，一邊等車，一邊可以欣賞各種不同的廣告。統一的規格，畫面都很美，似乎是個廣告世界，難怪巴黎街上很少張貼廣告，原來都到地下了！

有幾個大站，深入地下數層，有辦公室、超級市場、雜貨店等，免得你換車時，光跑甬道，是很悶氣的。有了商店、橱窗，至少讓你瀏覽輕鬆一下。

（原載大華晚報六十五年九月十六日）

十一、應有盡有的百貨公司

巴黎的服裝、化妝品、香水，眞是世界馳名。但是很多人到了巴黎，因苦於語言不通，途徑不熟，而不知東西南北，想要買東西，又不知去向。的確也是，巴黎如此之大，如果你只是旅途順道經過巴黎，又要觀光，又要購物，時間一定有限，加上乏人指津——最後是入寶山空手而回。

在這種情形下，遊客最好是去大的百貨公司，雖然貨價比普通商店貴了百分之十；但是貨色齊全，應有盡有。有的遊客不敢涉足大的百貨公司，寧可自己摸索找一些廉價的商店。最後，時間都耗在街上，連遊覽名勝的時間都沒有，眞是憾事。其實，外國遊客到大百貨公司購物，凡購買五百法郎（約一百美金多）以上，可以憑護照享受免稅的優待。在你出境時，可持商店開的購物憑據等，到機場服務台，辦理退稅（約百分之二十）。這是法國政府爲了吸取外滙，特別規定的；但是許多從國內初去的人，都不知道有這種好處，白白地付了稅金。

如果你運氣好的話，可以碰到公司減價的旺季；那麼原來標價昂貴的貨品，却可以用原價之半買到。爲了保持原廠的價格及信譽，在打折或減價時，一律將「商標」毀去。起初，我以爲沒有商標的一定是次貨，後來才恍然大悟這是一種商業道德。

法國人把大的百貨公司叫做「大商店」（grand magasine）。在巴黎有十幾家之多。其中最大衆化，最有名的是「春天」（Au Printemps）、拉法葉（Lafayette）、噢崩馬歇（Au Bon Marché）以及莎馬黑丹（Samaritaine）。大都是位於塞納河右岸的商業地區。

其中噢崩馬歇，是取法文廉價之名詞，而非眞正廉價，和其他公司相差無幾。分公司也多，大都是猶太人開設的。

春天、拉法葉座落於歌劇院附近，目標顯著。莎馬黑丹在新橋附近，靠近塞納河，都有地下車可達。

在巴黎，只要你隨身携帶地圖，或地下車路線圖，則不難找到你要去的地方。

這幾座公司的設計裝潢，從地下室到頂樓，各有千秋。地下室多半是陳列着各種家庭用具，電器，以及五金類。也有庭院的花子，菜子……凡是與家有關的，都可以買得到，甚至鳥籠，魚缸，狗鏈，只要你說出名堂，總會有的。

化妝品、香水、文具、照相儀器、紀念物品、圖書等大都在一、二層，然後是男女服裝，再上去是童裝。通常家具裝潢都是設在四、五樓。兒童玩具以及露營等用具是佔滿最上一層。印象中，玩具以莎馬黑丹的最多，各式各樣的電動玩具、智力測驗，還有那大大小小的洋娃娃，眞是「兒童的世界」，光是這一層，就够你玩味的了。常想國內的「玩具商」實在應該到此上一課啊！

所有的百貨公司，如果一層層的欣賞，一天的時間還只能走馬看花，公司之大，百貨之全，眞是世界之冠！

莎馬黑丹曾有過這樣的廣告：「凡是世界上有的東西，莎馬黑丹都可以買到。」有人開玩笑說：「我要條粉紅象。」公司老板眞牽來了一條漆了粉紅漆的小象。

拉法葉，莎馬黑丹，都是以婦女們的東西最多。我常想：法國眞是女人的天堂。聽說法國婦女，很少在家，大部份的時間都消耗在百貨公司，她們是純消費者；尤其發薪的那天，購買幾件自己喜歡的東西，也是生活上的調劑。她們不必躭心老來挨餓；因為所有的退休金，養老金都在發薪水時扣除了。薪水的數字，就是讓人花用的。這樣才能刺激經濟的循環！

「春天」的總店共有五層大樓，男女用品兼有；對街是婦女大厦，中間有道天橋相隔。總店的後面是男仕大厦，比婦女的小了一些。

不過，要買好的時裝，款式最新的時裝，最好到聖東挪黑（Saint honore）與香舍里榭平行的一條街。這兒有世界性的高級女裝店，是婦女們最嚮往的地方。有名的香水公司也在這條街，創業於一七七五年的烏彼岡（Houbigant）香水公司，年代最久，王妃瑪麗安東妮，及拿破崙都曾是最早的顧客。它的香水與衆不同，有種特別的樹葉清香。無論服裝，香水，其標價之昂貴，眞是令人咋舌。來往進出的大都是各國的「王妃」「貴婦」以及明星之流。眞是「佛要金裝」，「人要衣裝」。在這兒買到的時裝，沒有一件是款式相同的！其可貴就在此！廉價的衣服也有，可以在「大地」（Tati）買到，堆積如山的廉價衣物，麥克風在叫喊要人買。像中國舊式的「估衣舖」；但是便宜的沒好貨，也許穿上一兩次，就走樣了，天下烏鴉一般黑。

總而言之——一分價錢一分貨，在巴黎是如此的！

（原載大華晚報六十五年九月九日）

十二、殉道山上・畫家聖地

整個巴黎，地勢最高的，要算是城北的蒙馬特山丘了。這個山丘，在西元二五〇年左右，巴黎第一位主教聖多尼曾與另外兩個聖徒，在巴黎市內連受拷問之後，他們在山丘的頂上殉教，所以又叫「殉道山」。在第八世紀被稱爲「殉教者之丘」。

有名的聖心堂就高高地聳立在山丘之頂。從任何角度都可以看到它；尤其那白色的羅馬式圓頂。整個教堂是白色外牆，人們又叫他「白教堂」。

白教堂建於一八七〇年，當時經濟困難，靠着全國各地踴躍捐助，才予以完成。正面建築有三座拱門，兩旁有兩個銅塑的騎士。一是聖女貞德，一是路易王。

一九一四年到一九四〇年，發生世界大戰。匈牙利革命及阿爾及利亞事件之悲慘期間，各地民衆莫不來此祈禱，求主免災。

祭台正中央，常年供有耶穌聖體餅，自一八八五年迄今，從未間斷。各地信徒，川流不息，來此祈禱者皆可求賜聖體餅。在這兒，可以使世界上人與人之間，不分民族、國籍，得享受聖體。

當然，現在這個時代，宗教的觀念似乎隨着物質的文明而冲淡了，眼看參與教會的青年日趨減少。

殉道山，我曾去過兩次。有名的「畢加兒」風化街，就在山脚。自「大地」廉價衣物場附近的一個小弄堂進去，拾坡而上，街的後面，突然眼界開闊。「殉道山」就呈現在眼前。兩大排弧形的石階直通山頂的教堂。石階的中間及兩旁都是大片的綠草，上面許多鴿子在啄食，遊客們把麵包放在手心逗着鴿子，不一會鴿子就來停在你巴掌上了。如果把麵包屑放在肩上；聰明的鴿子就會飛到你肩上，眞是有趣極了。

許多長髮披肩的男女青年，坐在一排排的石階上，聊天、彈吉他、唱歌，或晒太陽。間有非洲青年，奏樂助興，大小鼓、盆子、罐頭、一齊敲打、載歌載舞，充滿活力，漆黑的面龐，咧出一排雪白的牙齒，還有那滿頭的曲捲的短髮，顯得非常精神。也有非洲黑人在此兜售土產。

山脚到山頂，設有纜車可達，但是我們寧可拾級而上，一路逗着鴿子，愈往上爬，視野愈開闊，回過頭來，山下的景色皆入眼底，上最後一層平台時，就如同在飛機上鳥瞰巴黎。

十丈紅塵，愈來愈遠，站在高處，頗有「登泰山而小天下」之嘆！而教堂就在面前，主與我同在，叫人怎能不發出讚頌之詞。

由於教堂體積龐大，必須下到好幾層石階，才能把全貌攝入。

平台的欄杆前面，設有許多可以移動的椅子，專供遊客歇脚用的。很多人坐在這兒，遠眺巴黎市區。起初，我以爲是屬於公共的。那知，剛坐不久，一位老嫗前來收費，每張約一個法郎。坐下去，還不能走開，否則又得付銅板。後來才知道這些活動椅子，是用來出租的，法人眞有生意頭腦。

坐位是供不應求的，欄杆邊仍然倚着許多站立的遊客。欄杆邊設有落地、固定的望遠鏡，也要投下角子，才能使用的。

由於地勢高，大的建築物看得一淸二楚，諸如鐵塔、萬聖殿、聖母院、蒙巴那斯商業大樓，都在視線之內。

門口有神職人員在散發傳道之類的印刷品。門不大，人們魚貫入堂。近門處有幾個耳機，投下角子便可以聽到該堂的歷史，有法語、英語、西班牙語，任君選擇（這種耳機，大的教堂或博物館內均有）。

堂內是陰暗的，兩邊台上都有大大小小，長短不等的蠟燭，你要點幾枝，就奉獻多少。當然你不奉獻，沒人知道，完全靠個「誠」字，獻金是投入箱子內的。

燃燭的善男信女們，或向主許願，或求主保佑。燭光在陰暗的空間搖曳着；

瘦長的白條條，頂着一股股虔誠的火焰，組成了一座「燭光山」。這和中國廟宇燒香拜佛似乎是異曲同工的，只是崇拜的對象不同吧了！

堂內有六根石柱，拔地而起，直撐着屋脊，兩邊都是彩繪玻璃，堂內又深又高（西方教堂大都如此）。

祭台後面的牆上，是大幅的彩色耶穌畫像。陽光透過天窗，正好照得耶穌光芒四射。尤其照着那爲拯救人類罪惡而滴血的心房！

教堂的右側，有個小小的廣場，遊客如織，在這石板路上穿梭着。這是個有名的露天畫廊。在十九世紀，此地曾是貧民區，因爲有了教堂，朝拜的人一天天增多，而給此地帶來了繁華。加上風景宜人，可以遠眺市區。是故，後來成爲窮藝術家集中地；早期的畫家都是從蒙馬特這兒發掘的，他們使蒙馬特發光。

一羣畫家，圍在撐着陽傘的露天咖啡座四週，他們陳列着自己的傑作，一邊架起畫板，低頭作畫。有替遊客畫像的，剪紙影的，也有畫漫畫的，風景的。也有化了粧做街頭劇的。這是個多彩多姿的小天地。畫像五十法郎一張，其中以女客最多，她們閒着沒事，擺個優美姿式，就可以獲得一張出自巴黎的畫像；而畫家大都是男的，爲了討好女客，總是把她們畫得比本人漂亮。遊客中，也不乏指指點點，評頭論足的。

畫家是來自各地的，包括歐洲其他國家的畫家以及東方的日本人、越南人、阿拉伯人……等。曾經有一位高頭大馬的女畫家，在招攬生意，說免費替我作畫，別人告訴我，這是她的噱頭，等畫完成後，她仍然會向你索價的。本來我有點同情她，因爲她的兩個可憐孩子圍着她；但是閒談之下，知道她是來自捷克——免惹麻煩，立刻轉身走開了。後來又遇見一位來自臺灣的，頗有親切感，他是某大學的留學生，本來學的是哲學。到了法國，學位不好拿，索性在此賣畫爲生。他也說過要替我作畫，我也欣然同意，攜回國，也好向親友們炫耀，這是出自蒙馬特畫家之手，說不定有人索價購買。很遺憾，因爲忙，後來也沒緣份再去「殉道山」了，然而那裏的一切，都令人懷念！

（原載大華晚報六十五年九月三十日）

十三、盧森堡公園

巴黎雖是寸土寸金，人煙稠密的地方，但是公園却在都市規劃之內。放眼望去，到處是濃濃的樹蔭，清香的樹葉，大小公園不下數十座。確是市民散步、休息、吸收新鮮空氣的好地方。

其中以位於拉丁區的盧森堡公園及羅浮宮與香舍里榭大道之間的杜伊麗花園最大，最爲有名。園內總不外乎噴水池、雕像、綠樹、草床、花卉等等。印象最深的是盧森堡公園；這是座文藝復興式的公園，園內到處是半裸、全裸的白石雕像，藝術氣氛最濃，是我常去的地方。

盧森堡公園，建於十七世紀初年。園內有盧森堡宮，亨利四世王妃曾在此住過。建築式樣是模仿她的故鄉，翡冷翠城的宮殿，現在成爲議會所在地。

宮殿的左側，枝柯交叉處，有一個特殊的噴水池。池上有三個雕像，一個面目猙獰的巨人，搬了塊石頭，正投向脚下一對戀人：一個少女躺在男的懷中。巨人嫉妒這男的，而產生「寧爲玉碎，不爲瓦全」的淒涼故事。好心的一位法國老人，怕我們看不懂這噴泉的雕像，特別講述給我們聽。泉水潺潺地流向溪間，似乎在細述着這動人的三角戀愛故事。據云泉水是從地下很遠的地方引來的，溪間倒映成一片墨綠。

公園內，是不准小販進入的。大門外面有賣小吃的攤子，其中捲筒的冰淇淋最受歡迎。冬天，有賣糖炒栗子的，生意不如冰淇淋的好。

公園，在冬天最爲蕭條，園內天寒地凍，哈氣就是一團霧，水池都結成冰塊。遊客稀稀落落。澈骨的冷風從沒有葉子的樹梢「刷」來，涼意從脚底直透到體內。人們大都圍了頭巾，把頭縮在大衣內，匆匆而過。

春夏間，公園內，擠擠挨挨的都是人，最爲熱鬧。無論男女老幼，都湧進公園。

園的正中，有個大的噴水池。各式各樣的玩具帆船在池中盪漾，都是孩子們放的，大人們圍坐在池邊談笑觀看。

池的四週，也散置着許多活動的椅子，多半是供老年人歇脚的。有的閉目養神；有的展讀報紙；婦女們則一邊編織毛衣，一邊照顧推車內的嬰兒。鴿子高高低低地飛着。人們以米或麵包屑來逗引牠，眞是一片祥和的世界。

初到巴黎，在街上，很少看到兒童，好生奇怪。後來才知道，法國的兒童都在公園內玩耍；一來安全，二來有遊樂設備，確是兒童們散發精力的地方。法國政府，對子女多的家庭予以更多的生活津貼。爲了兒童身心健康，特別規定住所的空間要大。窗戶要多。尤其住公寓的，至少每四棟之間，要闢一小型公園，讓兒童們吸取充分的陽光和空氣。園內有鞦韆等設備，這種小型公園，似乎成了孩童，婦女，以及老年人的樂園。

盧森堡公園，因與附近巴黎大學、女子藝術學院，以及全世界最有名的法語文補習學校爲鄰，所以是年輕人活動最多的地方。除了偶而有罷課、示威等活動外；平日似乎是人手一本小書，讀書風氣很盛。樹蔭夾道的小徑上，時有行吟的詩人、相偎相依的情人！

法國是個充分做到民主、法治並行的國家。人們崇尚個人自由；但是，想在公園露宿，是絕對辦不到的。在黃昏以後，都已鐵欄上鎖，不得擅自進入。許多便衣警察，隨時在樹林巡視，遇有違規者，即予登記、警告、甚至拘捕。因此，公園內鮮有强暴、兇殺、越軌的事件發生。

（原載大華晚報六十五年十月七日）

十四、咖啡座

巴黎的街頭，隨處可以看到露天的、或玻璃房的咖啡座，可以說是巴黎風情畫之一。

咖啡座，多半是從店鋪伸展到人行道上的，老遠就可以令人看到。尤其夏日的咖啡座，是露天的，別具情調。街頭巷尾被朶朶的遮陽傘點綴着，紅的、花的，好像盛開的玫瑰，美極了。冬日的咖啡座都在室內，隔着嚴密透明的玻璃門窗，那剛冲出的咖啡熱氣，瀰漫着洋洋的暖流，是人們的避寒場所。

數不清有多少大大小小的咖啡吧，東一座，西一座，而且家家高朋滿座。法國人的咖啡癮，由此可以想見。給人的感覺，好像巴黎的人都躲在咖啡屋中，悠哉游哉享受着那杯中物，享受着人生，誰說西方人緊張呢？除了歐洲。

咖啡座是大衆化的場所，人人可以涉足。它可以讓你驅逐孤獨，也可以讓你逃避現實。只要你一杯在手，你可以盡情欣賞過往的行人，以及川流不息的車輛，讓你偷得浮生半日閒。你也可以把自己沉浸在濃郁的咖啡中，餓了就來一、兩塊「糕點充飢」。法國的點心是有名的好，有一種叫「夸鬆」的，特別好吃，軟軟的，酥酥的，香香的。

各行各業的人，進進出出，出出進進於咖啡座中，有談生意的、有聊天的、有作功課的，更有談情說愛的。誰也管不了誰，這裏是個極度追求個人自由的場所，也是人生的舞台，因爲各種不同的角色，都可以在此看到。

巴黎咖啡座之普及，有點類似大陸上的茶館，絕無暗藏「春色」的事情發生。尤其在拉丁區的咖啡座，似乎成了巴黎大學知識交換中心。只見下了課，教授學生們三五成羣地湧向附近的咖啡座，一人一杯濃濃的咖啡，討論着課堂上的疑難。有的各持己見，爭得面紅耳赤，一旦問題解決後，又笑逐顏開地舉杯痛飲！

聖密歇爾大道兩邊的咖啡座，是文人藝術家薈萃的地方。不同的派別，走向不同的咖啡座，每家都擁有固定的熟客，客人去到咖啡館就如同回到自己的家。許多詩人大半生都在咖啡館中消磨，有名的詩也是在「咖啡」中完成的。

巴黎的街頭很少有公共廁所，（即使有，也是用鐵皮圍成的圓形小屋，專供男人小便之用）。如果你聰明的話，不妨花二、三個法郎（合臺幣二、三十元）去叫杯咖啡，那麼你可以大大方方地走進咖啡座的洗手間（高級的還是要付小費）。咖啡館的櫃台上也是五花八門，應有盡有的，諸如：馬票、郵票、風景片、信封、信紙、香煙、打火機、手錶等等……處處予人以方便。初到巴黎的人，往往不知道郵局在那兒，如果你走進咖啡屋，則一切可以解決了。

巴黎咖啡館的特色是：喜歡在四週嵌以壁鏡，照得酒吧的酒、屋頂的水晶吊燈，都好像大了一倍。也有的壁上掛了當代畫家的作品，待價而沽，眞是一舉兩得。

除了「坐」咖啡，還有「站」咖啡，有的人靠着長長的櫃台，隨手要上一杯飲料。這有個好處，不必付小費的。

咖啡座的侍者，多半是男的，白色的上衣，打着黑色蝴蝶領結。手上從早到晚托着一個杯盤，肩上搭了一條毛巾，動作熟練地，彬彬有禮地，週旋於客人之間。特別是凱旋門附近的咖啡館，都是流動性的觀光客，咖啡館只是他們歇脚的地方，進進出出，使得那兒的男侍者，忙得不亦樂乎，單是小費的收入，就是筆驚人的數字。

記得我常去的一家咖啡館（在國家圖書館附近），有點像家庭式的，氣氛非常融洽。男侍者約四十來歲，留着兩撮小鬍子。每次托着盤子，把飲料送來時，總是友善地幽上一默，兩肩一聳，做個滑稽動作，逗得客人們好樂，好像這是他份內的事情，並不另收小費。

據聞國內，一杯咖啡有賣到二百元以上的，說什麼設備豪華啦、氣氛好啦、又有女服務生陪着聊天啦——最後一結賬時，龐大的數字，駭人聽聞，弄得客人有「進了咖啡館，出不得門」的窘態。這種變相的咖啡館，眞是不能與巴黎的「純咖啡座」相提並論。

難怪外國人來到臺灣，想喝杯咖啡，却找不到「大衆化」的咖啡座，他們更不會想到咖啡是在「黑屋」裏喝的！——甚至想喝杯道地的中國茶，也摸不到門路。

（原載大華晚報六十五年十月十四日）

十五、宏麗迷人的歌劇院

座落於塞納河右岸，歌劇大道西端的歌劇院，是法國最大的國家歌劇院。當夜幕深垂，華燈耀眼時，她最爲迷人！

從地下車出口，正好面對着歌劇院。以此爲中心，環視左右前方，一株株古式的街燈，擎着燈球，眞是火樹銀花，一片燈海。稠密的街燈向四週散開，又好像一張星網，懸在半空。

黑色的鐵柱，頂着三到五盞燈。每個燈都是配着四方形或圓形的玻璃罩，依然保留着古典風格，光線柔和而有情調。

左邊是義大利大道，也是有名的電影街，兩旁都是巨型的電影廣告，到處都是人潮。

右斜方，正對着凡都姆（Vendome）廣場，這座廣場原是紀念太陽王路易十四的功績的，中央矗立的圓銅柱，則是用來紀念一八一〇年，拿破崙大敗俄奧聯軍的史跡。銅柱是由戰利品大砲之青銅熔鑄而成的。頂上的拿氏雕像，披了皇袍，作羅馬帝王之打扮。每逢週末假日，特別打着照明燈，像從幽暗中脫穎而出，好讓遊客觀賞。法國人總不忘記他們的英雄偶像，而且要外來的人也知道。

正對面則是歌劇大道，向東直通皇宮。大道上除了珠寶、服飾、香水等大商店外，其餘都是旅行社。橱窗內陳列着大幅的各地風光圖片，令你不得不駐足遐思。任何旅行社的旅遊雜誌，都是任君索取的，以收宣傳之效。

商店在星期例假，都是休業的，但是橱窗內却仍亮着燈，供來往行人賞玩，法國人氣派之大亦由此可見。

這一帶多的是日本人開的免稅商店，為了賺取觀光客的錢，不管星期假日，是照開不誤，眞是唯利是圖。

來巴黎的人，沒有不稱讚這座劇院的。這長方形的建築，建於一八六二到一八七五，稱得上是世界上最大的歌劇院之一。她是拿破崙三世時代遺留下來的最有趣味性的一幢大建築，頂上有許多小天使雕像，據說是威尼斯式的建築。

由石階上去，正面建築的第一層，是一排七個拱門，門牆上都是藝術的傑作。門與門之間的牆上，都是一些浮雕像，他們都是一些在音樂上、舞蹈上、戲劇上有着非凡成就與貢獻的名人。不同的姿勢、不同的表情，被刻劃得有血、有肉、有情、有力。其中有名的裸體「舞羣」，曾經為一些「衞道」者所看不慣，而潑上墨水。如今，由於年代久遠，色呈灰黑，甚至發綠。

七個拱門的上方，是一排的長方形落地窗，也是七扇。

院內全是用大理石做的，一進門，兩邊就是馬蹄形的大理石階梯，寬寬大大的，又白又滑，光可照人，扶欄却不高。

遇有歌劇演出時，院內的甬道，被柱上的燈光照得金碧輝煌。大廳正中，有一盞大型的水晶吊燈，氣派十足。

每當下幕時，那休息廳，成了人們自由交談、應酬的社交場所，衣香鬢影，穿梭往來。又高又長的長廊沙龍兩旁，放置了許多古典式的絲絨沙發。

但是，世界性的經濟不景氣後，像這樣高級的享受，已不是昔日那種景況了，取而代之的是電影。影片之多，簡直讓你看也看不完。

歌劇院爲了節省能源以及種種開銷，只有在觀光季，才安排一連串的古典歌劇，或是芭蕾舞劇的演出。一齣劇，總要排練半年至一年以上，才能公演，這點是相當講究而愼重的。

劇院是屬於國家的，演藝員也是由國家培養的，不管有沒有演出，每月薪俸是照發的，演員生活是有保障的。

在夏天，經常有露天的歌舞劇演出，譬如去夏演出的睡美人芭蕾舞劇，就是以羅浮宮的背面而搭出的露天舞台，這眞是現成的、自然的背景，省却了龐大的開銷，而又吸引了成千上萬的觀光客，足足演了一個半月。

記得我去觀賞時，正値夏末秋初，一輪明月徘徊於羅浮宮之頂，更增加了舞台的眞實感！明月如霜，好風如水，面對着舞台上的優美舞姿，也增加了觀衆的不少情調。那眞是個迷人之夜。

梯階式的座位，是臨時搭建的，木條板的，容易拆除，座位有頭、二等之別，半圓形的，中間有寬大過道，休息時間，有小販穿梭往來兜售生意。門口有活動的洗手間，如旅行車大小。起先，看到好些人排隊，以爲在買什麼吃的，後來才知道這是化粧車，男女分開的，女的裏面有化粧台、洗手池，一小間抽水馬桶，這間的門是自動啓用的，丟下幾個銅板在門的特製匙洞內，把手就可扭開了，出來再關上時，又鎖上了。這倒是個別出心裁的獨門「生意」哩！

（原載大華晚報六十五年十一月四日）

十六、香水王國

最近有些讀者看到我說：

「法國的香水，世界馳名；你的巴黎散墨已經寫了十多篇，怎麼從沒介紹一下香水呢？」

「香水，確是女人的恩物，就那麼一點一滴，就增加了女性的魅力。遺憾的是：這種高級的奢侈品，對我這窮教書的來說，簡直不敢問津，因此，也不能充內行啊！」

我據實以答。

「無論如何，你到了巴黎這香水王國，耳薰目染，總是知道得比我們多一點吧！」

的確，「香」的味道誰人不愛呢？如果孔老夫子知道巴黎的香水如此迷人，一定會在：「食、色、性也」的色字下面加個味字。

到了巴黎，雖談不上每天用香水的福氣，却有免費賞玩的福氣；只見大瓶小瓶的香水充斥在大街小巷，商店的橱櫃內；尤其是專售香水的香水公司，只要你往門口一站，陣陣香味即撲鼻而來。

在巴黎大的百貨公司，都有一個顯著部門，是專售香水的，有各種香水公司的攤位。香水種類之多，不勝枚擧，似乎每個台子，都有試味的樣品；是已配好的噴霧式小瓶，免去用手塗抹的過程。由於樣品繁多，其香溢室，是可想而知。

高級的香精（Parfum），其價格之昂貴，令人望瓶興嘆，似乎只有王妃貴婦買得起。最平民化的是小瓶的花露水（Eau de toilette），手指一按瓶口的塞子，香水就像霧般地噴出來，這種固定份量的瓶子，噴完，就沒用了，塞子是打不開的。外行人，常以爲這就是香水，買了送人。實際上，眞正好的香水是小瓶裝的，購買時一定要認淸 parfum 的字樣，兩者價錢相差甚大。

當然，花露水，對我們比較實惠，一瓶約二十法郎左右，種類亦多，有茉莉花、水仙花、夜來香、玫瑰，甚至水菓香等……

入境隨俗，我也試着去選購。內行的朋友說：

「噴一點在手背上，等酒精乾了，再聞聞是不是你喜歡的香味；但千萬不要同時噴兩種以上……最後都搞不淸究竟是什麼香了？」

「如何知道香水的優劣呢？」

「香水是天然的香料和酒精的混合物。好的香料，在酒精散發後，仍保持其濃郁的香，甚至愈久愈香，後勁甚大。因此，最好的法子，等塗抹的地方乾了，再聞聞看，孰的香味持久。」

果然，有的香味在酒精揮發後，就隨之趨淡；有的則仍保持餘香。

據云：香水瓶愈小、愈香，也愈貴，因爲它是香精（Parfum）。倒是瓶愈大、愈便宜，因爲它是花露水（Eau de Toilette）。香精不可以直接塗在身上，必須和同類性質的花露水相調配，否則其怪味也可想而知，譬如茉莉花和檀香木的香味混在一起，就變成不倫不類了。

調配時，最好先把花露水灌在噴瓶內，再滴上幾滴香精，這種噴瓶的塞子是可以打開的。用完，再如法炮製。當然這種噴瓶是很講究的，如同打火機一樣式樣繁多。

香精不用時，最好用蠟封上，放在陰暗之處，以免受到陽光的照射而揮發了。

外行的人，把香精直接抹在身上，是很浪費的，就好像喝威士忌一樣，人家是加冰塊，在飯後，慢慢品嘗，一瓶喝上好久，而外行人却大杯大杯乾，實在浪費！

香水種類繁多，除了花香、水菓香；還有肉桂及檀香木的香、動物的香。問什麼香味最好，是很難下斷語的，完全看個人嗜好。有的人喜歡淡，有的人喜歡濃。有的人一生只用一種香。其中最受歡迎的大概是茉莉花和動物香料溶合配製的香味。譬如有名的香耐兒（Chanel）香水公司的五號（N.5）牌子最老，早在一九二四年，就風行於世。據說瑪麗蓮夢露最醉心於五號，她曾說過：「我喜歡和五號同睡。」由於這句話，使得五號更是身價上漲。

葛斯頓（Christain）迪奧（Doir）公司的香水特別以清純高雅聞名。它的香味，初聞淡而無味，可是幽幽的清香非常持久，男士們最喜歡用。

葛蘭（Guerlain）公司的香水，算得上最老牌的，葛蘭是香水的創始者及香料史上的功臣，其中迷茲可（Mitsouko）有着古典的香味，亦受歡迎。

胡夏（Rochas）的胡夏夫人（Madame Rochas），是一種用香精及花露水調配的香水，叫（Parfumde Toitte）算是比較新的出品。

烏比岡（Houbigant）公司的 Flattaie 及波爵（Boujois）的夜巴黎（Soir de paris），深受我國人歡迎，但是在巴黎名聲並不大。

以上這幾家香水公司大都設在八區或九區的商業中心，大的百貨公司如撒馬黑丹、春天、拉法耶，也設有攤位。

香水種類多，用法亦多。有早起用的，上班用的，參加宴會用的，睡前用的。有的用於耳根，有的用於頸部，有的用於腋下，有的用於手背。最好勿用於體溫高的部位，因為揮發得快……總之，法國人用香水的名堂之多，不下於其飲酒之講究。

以香水餽贈朋友，也是很愼重的，對方必須是你的太太，情人，或是丈夫、親人。如果你冒失地把香水送給你朋友的太太，則會引起朋友的誤會。最好是太太、小姐互相餽贈。

因為它是一種奢侈品，稅金甚高，但觀光客可以執護照在免稅商店購買，或執單據在機場辦理退稅手續，但我總不捨得去買，（價錢昂貴），朋友說：「總要買一小瓶做紀念吧！記住，用完的空瓶不要丟了。塞子打開，放在衣橱內，還有熏香的作用哩！」

這使我想到中國古代，不早就有什麼香袋、香爐、香籠之類的熏香玩意兒，可惜，祖傳祕方，失之流傳。否則，香的王國應該是我們呀！

（原載大華晚報六十五年十一月十一日）

十七、狗的世界

朋友說：「從滿街的煙蒂及狗尿來看，法國人是充分崇尙個人自由的民族。」此話一點不誇張。

特別是狗，享有特別的自由，法律規定凡是隨地大小便者受罰，但是沒包括狗在內；狗有充分拉屎、拉尿的自由。

花都——巴黎的街上，似乎狗尿隨處可見；尤其是高級區，因爲愈是高級區，愈養得起狗兒。似乎家家有犬，小至玩具狗，大至狼狗，黑的、白的、長毛的、短毛的、獅子狗、臘腸狗，眞是種類繁多。街道上狗糞之多，亦可想而知。

女人，在巴黎是够出色的，狗又是女人身邊的寵物，愈是時髦的女人，愈要由名貴的狗兒作陪襯。狗兒眞是「巴黎驕子。」

在巴黎的老人們，是孤獨的，惟一的伴侶也是狗兒。狗兒陪老人散步，上公園，喝咖啡。只有「肉舖」是狗兒的禁地。主人要上肉舖買肉時，狗兒只有乖乖守在門口。肉舖爲了方便攜狗的顧客，特別在門外裝有掛鈎，可以把狗兒的鏈子拴在那兒。

關於狗兒的行業，在巴黎也是特別受到重視的；有狗的保險公司、有狗的食品公司。有名的撒馬黑丹大百貨公司，特別有專售狗的百貨部門。藤的、木的狗房子，眞是小巧可愛。各式各樣的狗牌子，狗鏈子，狗食罐頭，狗的洗滌水——等，眞是琳瑯滿目。冬天還有狗的背心、狗的長袍、狗的帽子、狗的被子。

假日，狗兒還可以隨着主人同車，到郊外度假；或送入狗的寄養所，旅館，請專人照料，按日計酬，眞是設想週到。

據朋友云：他曾親眼看到主人攜着狗兒上餐館，主人替狗兒也點了道菜；不同的是狗兒在厨房吃，盤子放在地上。等主人在餐廳內用畢，再又同時離開。我眞不敢相信有這等事。

巴黎人愛狗，計程車司機先生亦不例外。當他在街邊招呼站等客人時，惟一跟他作伴的是：高鋸在前座的狗兒，遇到客人叫車，特別申明前座不予出租，狗在巴黎的囂張，也由此可見。這也是法國人的可愛處，車是他開，他高興帶着狗兒兜兜風，誰也奈何不了；因爲法律沒規定乘客有指定坐前座的權利。如果你介意和狗同車，你可以不必上車，否則只有委屈了；尤其前座如果是條大狼狗，那你只好儘量忍耐牠的虎視眈眈吧！

不過，狗在法國人的心目中，確佔了一席之地。儘管政府鼓勵生產，但他們寧可養狗。理由很簡單：狗規矩，聽話，靠得住，忠心不二。不像子女，隨時有離開你，遺棄你的可能，就是夫妻之間也有同床異夢的——也許這就是工業社會的悲哀，物質愈文明，倫理道德愈趨低落吧！

（原載大華晚報六十五年十月二十日）

十八、楓丹柏綠宮(拿破崙的行宮)

巴黎眞不愧爲文化藝術之都；除了有看不完的博物館外，那些皇宮花園也夠令你流連忘返的了。

皇宮最有名的是郊區的凡爾賽宮及楓丹柏綠宮。前者是名聞遐邇，遊客如過江之鯽；而後者却是鬧中取靜，最爲幽雅，有園林之美。

楓丹柏綠（Fontanebleau），在巴黎東南郊。

早上九點從巴黎出發，一路上車水馬龍，卻是井然有序。高速公路上，有十二線道、八線，然後六線、三線。當中可以讓前後車在適當地點超車，忽左忽右。顯明的路標懸於空中。如是雙線窄道劃了黃線，前面卽使是一部沉重的拖車蹣跚前進，後面的駕駛絕不超車，耐心地降低速度，尾隨於後。也許這就是西方人士的修養功夫吧？他們購物要排隊，上車要排隊，那一樣不是慢慢地在後面等呢？

車出了巴黎郊區，一路雖是起伏的坡地，路面卻修築得極爲平坦，絕無緊急剎車、弄得人仰馬翻的現象。

路兩旁是寬闊的田野，一片片大面積的機器耕種，一片金黃麥子，一片綠油油的玉蜀黍。不管是村舍或是田隴，總是到處點綴着片片叢林。村舍亦如我國鄉間，一叢叢，一座座，小巧玲瓏的，矮矮的窗戶。村舍多半兩層，底層一半在地下，一半在地上，底層是儲藏室，用來放置耕具的。

車行約五十多公里，來到了拿破崙的行宮——楓丹柏綠宮；皇宮建於十二世紀路易第七，自古是王室狩獵場。後來又改建成文藝復興式的建築。從一一六九年開始，就有好多次法國政治大事與此宮有關。

皇宮前面是兩扇高大的鐵欄門，兩邊黑漆的鐵柵上，塗繪了許多金色的羽毛，大概是代表王室的標誌。由於拿氏最喜歡這座皇宮，標誌的中間，特別嵌以拿氏的名字字首「N」作爲裝飾；黑底金字，典雅而莊麗。

由鐵門進去，是個小型的廣場，都是小方小方的石塊鋪成的。走在上面，雖有高低不平，却有思古之幽情。遙想昔日君主儀隊出入，馬蹄「篤篤」之聲，是何等威風啊！而今景物依舊，只是昔日的榮華已付諸史册。

經過這長型的廣場，就是皇宮的正面建築。左右有兩道馬蹄形石階，扶欄低矮，梯階寬大，可通到二樓的正門及陽台。一八一四年拿破崙臨出發去愛爾巴島時，曾在此與諸將告別。他從右邊的階梯慢慢下來，走近軍旗林立的麾下：「請爲祖國繼續戰鬪下去，這是我惟一的願望。」

在這之前，拿氏和約瑟芬亦經常在此宮約會。

除了拿氏以外，歷來皇帝如亨利二世、四世、路易十三，都喜歡來此避暑。因此，宮內遺留了不少精緻的傢俱。從那些考究的寢具、沙發、餐具、飯桌椅來看，昔日帝王將相之奢侈浮華，是可想而知。據云，有名的「蒙拉麗莎」油畫，就是首先放進此宮作裝飾的。

法蘭斯娃一世的長廊，最爲富麗堂皇，有七、八盞蠟燭管的吊燈，壁上都是油畫，以及天使的浮雕，最特殊的是：油畫下半的壁上，無數勝利杯的圖案內，嵌以「F」字母，作爲法蘭斯娃的標誌。

從法蘭斯娃一世長廊出來，就是拿破崙的寢宮，仍保持原樣。早在一七八五到一七八六年爲路易十六所造的房間。壁上四週以及沙發椅上，都繪以桂樹枝葉，壁爐上有兩座典雅的臘燭台，及一架座鐘。繡着圖案的地毯上面，有五張靠背沙發，一張短小的床舖，由於床舖離地很高，床邊有個兩層的小台階。眞懷疑，這就是當年不可一世的帝王，法國人心目中的英雄所睡的床。室內空間並不大，靠着壁爐上面的壁鏡照得比原來的大了一倍。拿氏的寢宮是最吸引遊客的！

亨利二世的大廳，也是極其氣派，地板用了無以計數的木板，拚成一致的幾何圖案，因爲是金黃色與古銅色，更是顯得雍容華貴。昔日帝王很喜歡用自己名字放在宮中，譬如亨利二世，就是把他名字的首字母「H」及愛人蒂安奴德波瓦提埃的「D」組合成圖案，放在宮中。

武官室的地板，都是嵌花的條子板；一進去，就彷彿到了花花世界。除了地板，四週的壁上、天花板上、壁爐上，都雕繪着細膩的百合花兒。據說這就是法國的國花，到處都有着這種類似皇冠的百合花圖案。

看過好幾個皇宮，總覺得其中不外油畫、裸體浮雕、繡織掛毯、地毯、水晶吊燈之類的古物，多出於名匠之手。吊燈尤以這座宮最多，每個廳內都是一簇簇的大型水晶吊燈。令人耀眼生花，回到了中古世紀。

皇宮的後面，是一大片花園叢林，遠處的湖邊是密密麻麻的林子，頗有野味。樹幹都是細長的，葉子雖小却密。陽光透過枝葉交錯之際，金圈閃閃，鳥兒枝頭啼叫，眞是天上人間。

林子的四週都有彎曲的馬車跑道，遙想當年帝王貴妃駕着馬車奔馳其上，一路黃沙，令人依稀體會出那種古典的風味。

可惜花園太人工化了；人工湖、人工噴泉以及人工的花圃。青翠的小松柏也被修剪成一樣大小的塔形，疏落有致地立在綠茸茸的草地上，因爲太整齊了，遠看好像衞士般一動不動地屹立在那兒；一如法國民族，什麼事一板一眼的說一不二地。

靠林中的一邊，有座大湖，湖內不少大鯉魚。肥肥的，每條約尺來長，傳說，有的活了百年以上。最令人好奇的是，一座有着六扇窗子的小石屋，圓圓的孤懸湖中，無路可通。屋的四週是露天的水榭，有矮小的欄杆。據云，石屋建於十六世紀，到路易十六又再改造。每逢慶典，都在此燃放焰火，火花映在水面，蔚爲壯觀。彼得大帝曾來此一遊，而且享受了一頓美味的鯉魚。拿破崙與約瑟芬常在此幽會。同行的友人說：「曾經有位皇后軟禁於此，每天靠着渡船運送食物……」

如今平靜的湖上，除了泛着一兩隻雪白的長頸天鵝外，別無一物，更沒小舟的蹤影，我們只能隔着湖，憑弔着這棟歷史性的石屋。想像中，屋內必已蛛絲密佈了。

聰明的法國人，是如何固執地保留「古跡」啊！也許天生有這份懷古的幽情！

但是，現實最可怕，經濟的繁榮，人口的壓力，發生了嚴重的房荒。爲此，在巴黎的四郊，已規劃了許多新社區。新的高樓公寓如雨後春筍般崛起；但是像楓丹柏綠這樣的名勝古跡，蓋高樓絕不在考慮之列。

法國人是相當醉心於古代藝術的，反觀我們，只注意聲光、電化物質科學的追求，而忘了精神文明的創造。若干年後，精神文明之匱乏，眞不敢想像。

（原載中華副刊六十五年七月廿七日）

十九、凡爾賽宮

巴士沿塞納河右岸一直向西南郊區駛去，經過國際展覽會場以及市區邊緣的許多跑馬場後，道路兩旁全是楓樹、梧桐樹。紅色的楓葉，金黃的梧桐葉，紛紛飛舞，一片深秋景象。越過高坡，回顧塞納河及鐵塔，約四十分鐘後，即進入樹木森森的凡爾賽區，緩緩的丘陵；此一帶都是住宅區，環境幽美。舉世聞名的凡爾賽宮即座落於此。

凡爾賽宮是十七世紀路易十四所闢建，路易十五、十六先後住進此宮。距巴黎有二十三公里。

由鐵柵大門進去，首先映入眼簾的就是廣場上，路易十四之威武騎馬銅塑像。

據導遊小姐介紹：凡爾賽宮本來是法國皇帝路易十三打獵場所。「太陽王」路易十四看中了這塊園囿，於是大興土木，動員了三萬五千多人力、五千多馬匹，在高壓政權下，化了二十年時間，將此地荒野建造成一座輝煌雄偉的宮苑。

導遊小姐說：「路易十四是最喜歡建築。」却沒料到，這位勤政愛民的君主，爲了建築此宮，而釀成了後來法國「大革命」的遠因。

一六八二年當宮苑完成時，被迫由巴黎羅浮宮遷入此宮的共有兩萬人之衆；那時法國一半的貴族都住進此宮，朝夕週旋於帝王駕前。約有四千多隨從，供皇上使喚；五百人伺候吃飯，一百人伺候起床……其奢華可知，以後幾位皇帝均以此爲宮，到了路易十六，更是變本加厲，追逐這種糜爛奢侈的豪華生活，終於引起一七八九年的法國大革命。正是帝后們好夢初醒，餘睏未消，一霎時天旋地轉，上萬暴徒押着路易十六及瑪利皇后先後同到巴黎，最後分別上了斷頭台。帝王的榮華，從此一別千古。而公審瑪利皇后及其受刑場面，更繪成油畫，懸於博物館及印在法國歷史書上，傳示後世子孫，自由平等得來不易！

雖然經過一場革命的浩刧，宮內的器物所剩無幾，然而這龐大的建築本身，就是不朽的藝術品，每日遊客不斷，靠着它，不知替法國賺來多少外匯呢；難怪路易十四迄今仍活在法國人心目中。

進到宮內，就如同置身史册。不知誰說過：「巴黎任何一個角落，都是歷史的花朵。」誠如是，則凡爾賽宮的一片瓦，一塊磚，都有着歷史的痕跡——君主的權勢，藝術家的智慧。

導遊小姐都是能說會道者，法國雖不是一個很古老的國家，但對本國的歷史却非常重視，她們運用各國的語言，如數家珍似地，講述法國帝王時代的歷史，使旅客感到法國是個有「歷史」的國家。

「此宮有七百多房間，如果一一參觀，至少要化上幾天時間！」我想這大概是導遊小姐的誇大渲染吧？

爲了怕損害室內的壁畫，吸煙是嚴禁的；怕陽光晒壞室內的絲織品，厚重的窗簾也都是掩蔽的。

首先參觀的是路易十四、十六的御用小教堂，這由大理石建築的聖堂，雖然久已不用，但濃厚的宗教氣氛却依稀可聞。地上都是嵌着用不同顏色的大理石拼成的碎花。乍看，好像舖了一層地毯。

從教堂出來，就是路易王朝的舞廳、會客廳等。各種不同姿勢的大理石雕像被陳列在各個角落。壁上是細膩的油畫及浮雕等。天花板都是金漆的嵌玉的彩繪拼花。據說當時畫匠必須每天爬着梯子上去作畫，當畫完成時，脖子已動彈不得了，有的甚至成了歪脖子，其工夫之大，可想而知！

大廳中以路易十四的毛織繡畫爲最多；百聞不如一見，這位東征西討，戰績輝煌的帝王，面貌酷似女人：微胖的圓臉，細細的眉，小小的嘴，長髮披肩，脚上着了一雙像女人穿的酒瓶跟的高跟鞋，尖尖的鞋頭。連衣服也是裙袍式樣，中間開扣的，還有那毛織的褲襪……。

所有的油畫、織繡，都是洋洋大觀，數丈見方。古代的藝術，眞是令人驚嘆，其功力與忠於藝術的恆心、細心和耐心，眞非今人之所及的！

穿過會客廳及彈子房，就是間相當寬敞的音樂廳。廳內懸有路易十四的掛鐘，四壁上裝飾以三百年前的名畫和壁毯。顏色均已陳舊，畫的內容都是歌頌當時帝王之戰績。有一座帝王接見貴賓的寶座，寶座除了木質部份外，其餘都是用銀所造。

最可觀的是「鏡廳」，她是一間二百四十英尺長，三十英尺寬，四十二英尺高的長形大廳，靠外牆的一邊是十七扇高大的落地窗，正好對着另一邊的十七面落地鏡子，使光線互相反射。從落地窗可以看到整個御花園。鏡旁有枝狀的蠟燭台，以及四座金字塔形的大燭台。每當路易王宴會賓客時，便會點燃所有的蠟燭。

大文豪莫泊桑曾描敍：「在燈架與燭台的數千隻蠟燭照耀下，大宴會開始，頓時數萬顆鑽石與華麗的五光十色在鏡中飛耀……」。廳內可容納數千人，可見其大。

第一次世界大戰結束後，「凡爾賽和約」卽在此鏡廳簽訂。一九六一年，美故總統甘廼廸曾被戴高樂在此以國宴款待。如今人亡樓空，昔日的景況，只有存諸想像了！

出了鏡廳，是一小型會議室。室內有張昔日簽約的桌子，簽約時所用的鋼筆及墨水瓶依舊。四週圍以紅絨帶子，以免遊客接近。

由於路易十四私生活公開，他的寢宮特別建造在宮的正中，內部還保留着厚厚的錦繡帷帳，一張床。

側面是一衞兵室，國王與皇后是分居的，兩房之間却有一走道；原用大理石鋪成，因冬天太冷，於是又改用木板。

皇后的臥房，依然保持了當時的家具，木雕刻的桌椅，梳妝台，首飾箱，以及壁爐上的燭台、華麗的地毯等。一幅瑪利皇后的油畫仍懸在壁上，並沒有因爲她上了斷頭台，而把畫像取下。

皇后寢宮的另一側門，是通往鋼琴室及侍衞室的。

最後參觀的一間全是拿破崙的戰史油畫，都是巨幅的，是百年前存於此的。其中一幅拿氏戎裝騎在戰馬上，眞是雄姿英發。人、馬栩栩如生，許多人立在畫前攝影留念，對這位偉大的人物，寄以無限光榮和景仰。

出了宮門，即是一大片的御花園，氣魄之大，令人胸襟開闊。大致分成三層；上層近宮爲花畦，第二層爲噴水池及林木組成的小園亭。第三層以下是人工湖……園內花木扶疏，蓊蓊鬱鬱，有修整的馳道，有草坪，有噴水池。那些被剪成圓錐形的青柏，倒映池中，特別富有詩意。所有的噴水池都有雕像，其中以海龍王噴水池最大，坐在池邊，看那銀花飛舞，水珠直向你身上噴來。

最惹人憐愛的是：噴水池中，那些每三人一組的裸體胖嘟嘟的安琪兒，背靠着背，頂着一隻圓盤，神態活潑、動人。

一畦畦的花圃，就是一幅幅的彩色圖案，每季種植不同的花卉。

沿着林蔭小徑可通往另一個小皇宮，據云，是皇上行獵及休息的別宮。

再經荒草叢樹，向花園右邊過去，就是一排鄉村風味極濃的農莊，木造的二層樓房。是特地爲瑪利皇后而造；當她過膩了奢侈豪華的宮廷生活時，就隱居在這個寧靜的鄉舍，嘗一下村婦的淳樸生活。村莊是按照她的故鄉村舍佈置的。有風車、磨坊、池塘、小橋、茅屋野花……想來瑪利皇后不俗，最後却遭到上斷頭台的命運。

在大革命中，她被捕時，手上的一隻金錶，當天就被人搶走。車上所帶的只有藏在胸前用繩子吊着的一個她兒子的肖像，和一卷裝在小手套裏的她兒子的頭髮了。在牢房她夜夜躲在床上，抱着這些她兒子的紀念品哭泣，這情景是够淒涼的。

她那設在巴黎的「牢房」，我曾去參觀過；只有一床、一椅、一小桌。眞不敢相信，這曾是一代皇后住過的地方。

最初，還有貼身女僕侍候梳洗，後來大家怕惹禍上身，都不敢接近她，可憐她只有對着一面別人偸給她的小鏡子，自己梳髮……慢慢地，她的黑裙又破又舊。因她特別怕冷，修女們給她織了雙厚的毛襪，這雙襪子成了她砍頭後，惟一證明身份的特徵。

直到最後審判死刑時，把由金黃變成灰白的長髮剪斷送上刑車，送往共高德廣場的斷頭台，結束了這戲劇化的皇后一生。不久她那放心不下的十歲兒子，也被抓來處死，這眞是革命黨的敗筆——戮及無辜的兒童！

面對着這座農莊——瑪利皇后曾居住的地方，禁不住引起一陣唏噓感嘆，或許是她下場和唐朝楊貴妃的馬嵬坡下慘死泥土中的遭遇類似？弱女子無辜，何以受如此的折磨？中外古今，一些可歌可泣的故事，似乎都如出一轍！

（原載大華晚報，六十五年十二月九日）

二〇、花都的優點與缺點

旅居巴黎時，我不曾注意到有關她街道的統計數字；返國後，却從鍾梅音女士的海天遊蹤中讀到：「全巴黎有七十萬棵樹，二十多萬張鐵椅，四千八百條街……」這數字一點不誇張。讀者一定想這麼多街，是否很紊亂呢？實際上，只要你有一本地圖在手，任何一條街名，門牌號碼都可以清楚找到。

巴黎的地圖，約二十四開大小，共有兩百多面。是按二十個不同區域來劃分的。門牌號碼的編排是以塞納河爲中心，逐漸向兩岸擴張。離河愈遠，號碼愈大。如果街道與河平行，則門牌號碼順着水流方向編排。而城島就等於巴黎的心臟。

足以稱道的是那些統一規格，如兩個標準信封大小的門牌，一律藍底白字，讓人老遠就可看到。除了街名，就是號碼，沒有什麼幾弄幾巷的困擾。

街道上，到處有地下車的出入口標誌，及大型街圖。

四千八百條街，又分所謂的街道（Rue），林蔭大道（Avenue），及環城大道（Boulevard）。

顧名思義，「街道」最小，「環城」最大；它是沿着市區四週而築的大道，可以疏散大量車輛。

其中以林蔭大道最爲氣派；圖案大都呈放射狀。

放射狀的林蔭大道，又以凱旋門爲中心的最爲壯觀。十二條大道，如同太陽的十二道光芒，向四週輻射出去。以三十度、四十度、五十度、六十度、放射成一網狀。

不知誰說過：「歐洲的繁華，以巴黎爲代表，巴黎的繁華又以香舍里榭爲代表。」香舍里榭大道就是從凱旋門向東伸展開來。其繁榮景象，堪稱世界之冠。每天車水馬龍，遊客如過江之鯽。道旁高大的橱飾，琳瑯滿目，不知吸引了多少觀光客，眞是人種的博覽會。觸目皆是「異色」。

亞洲的遊客，以日本人居多。巴黎人總把我們當作日本人，害得我們嘴上常掛着：「我是中國人！」

觀光事業，在巴黎眞是到登峯造極的地步；到處是旅行社，到處是觀光巴士，零售攤上堆滿了巴黎的大小風景片。由於傳播工具的普遍，交通工具的便捷，不知招攬了多少遊客，也替法國賺了大批外滙。

兩次大戰，都未遭到大損害的巴黎，房屋甚爲古老，但觀光遊覽車却相當進步，大都是上下兩層的，有的上層是玻璃頂。遠處的街景、名勝，都可飽覽無遺。

古老的建築物，整齊美觀氣派雍容，這就是觀光客要看的。巴黎市政府可以說處處重視公共安全及大衆福利的。街道上，也有修水管、挖地下道、翻修馬路等施工情形。但是工地的四週都特別圍以繩索或木欄，使得行人在好遠就可却步。夜間欄柵之類，還掛有亮燈、反光漆等，以提高夜行者的注意。

足以稱道的是那人行的斑馬線，都是用一個個巴掌大的圓餅釘在馬路上的。兩排發亮的圓釘，橫過馬路，形成了斑馬線，永遠不會磨損或消失。

車子是尊重行人的，開車人一到路口或斑馬線前一定減速，只要你走在斑馬線上，車子一定先行停下，你不必驚慌躲閃。

車輛多或交叉線複雜的斑馬線上經常也有交通警察來維持秩序。

某次一個醉漢，搖搖幌幌地走到斑馬線以外，好心的警察先生上前把他扶上人行道，送到路邊鐵椅上。

警察在巴黎街頭，處處可見，他們衣冠楚楚，清秀挺拔，彬彬有禮。當你詢問街名、地名或門牌號碼時，先向你來個舉手禮，然後很耐性地從口袋中取出地圖，不厭其煩地告訴你：「向前幾條街；向右幾條街；向左若干……」

「女警察」也有，多半是巡視那些停車違規的車輛。鐵面無私，威風十足。私家車最怕看到她們；只要女警察往你車旁一站，一定予以登記或開張罰款單。

街頭小型廣場也很多；有時可充作臨時市場。我們住家附近的一個小型廣場，就有每週兩次，類似趕集的菜市場。

這種自由的、流動性的市場，只做半天生意，一早來，十二點收攤，是家庭主婦最愛去的地方。吃膩了超級市場冷凍菜蔬魚肉的，偶爾也來此購買些新鮮果菜。

果菜大都由販者直接從鄉下裝運來，減少了中間剝削。顧客、小販皆大歡喜。

除了吃的外，還有賣鞋的、賣服飾的、賣花兒、鳥兒的，甚至還有過期的書報雜誌，眞是五花八門。

成衣攤位也多，由內衣到大衣，堆積如山，大都由義大利銷來的。曾看到臺灣的玉飾類，頗受歡迎，販者都爲猶太人、阿拉伯人、越南人。

令人佩服的是，除了在規定時間內交易外，其他時間一點看不出這兒曾是個臨時市場。因爲每個攤位在離去時，都打掃得乾乾淨淨，垃圾隨車帶走，不留下任何東西！

花在巴黎的大街小巷、門旁、牆角，亦隨處隨時可見。起初好生奇怪，後來才知道，是用來紀念那些爲守土殉職的英雄的，譬如：某某人曾在這條街流血陣亡，則就地或壁上嵌以石牌或銅牌，上面寫明殉難者的名氏籍貫，死亡日期等，每到這天，許多市民攜花來此，以示哀悼。

當然，一個都市，有它的優點，也有它的缺點；依我個人的經驗，巴黎街頭，有三樣東西是罕見的，那就是計程車、公用電話、及公用厠所。前者是由於計程司機架子大，後兩者多半要到咖啡館使用，無非是多讓遊客花錢吧了！

有的巴士車站附設公用電話，但是那有像臺北街頭五步一亭十步一亭的方便呢？還有計程車，在臺北街頭隨時隨地招手就有；其方便經濟，和巴黎的相比，眞有天淵之別。

（原載大華晚報，六十五年十月廿八日）

二一、巴黎到瑞士

一早，我們的法籍朋友——老莫夫婦駕車來接我們，開始了瑞士之旅。出巴黎南郊後，轉上了高速公路，即向東南而行。

這是渡假季節，暑假一開始，城市的人們，便擁向鄉村，擁向海邊；擁向高山。找太陽多的地方；找風景名勝，可以玩的地方。一路上車輛之多，眞是車錯轂接，一條車龍。私家車後面，大都拖着露營用的旅行車廂，有大，有小，有長方形的，有四方形的。車廂內有固定好的餐桌椅，爐厨及浴具等。窗上掛着窗簾，倒也麻雀雖小，五臟俱全哩！有的車頂還放着小船，脚踏車之類運動器材。有的是全家出動；有的是年輕夫婦；也有帶着狗兒、貓兒的。每個人臉上洋溢着歡笑，笑紋裏多少帶有點生活享受的炫耀。耶誕，新年一過，人們就在計劃着如何渡大假。「渡假」對歐洲人來說，相當重要，而且是有特別意義的。政府也鼓勵家長們帶着孩子外出旅行，而且予以補助旅費；理由是：一年的忙碌，趁此假期，父母應和子女們享受幾天歡樂的日子，藉此增加父母子女之間的感情。這點是我們東方所缺少的——西方人情味。

經過了巴黎近郊名勝之地——楓丹柏綠之後，我們便向東南部大城廸容（Dijon）行駛。爲了領略法國鄉下風味，我們不去車輛排長龍的高速公路，而走眞正的鄉村小路。道路兩旁盡是廣濶的麥田，麥穗迎風搖曳。法國鄉下佔地理環境之優勢，無甚高山大川，平壤居多，土地肥沃，農產品豐收。歐洲及非洲許多國家的農業大都靠法國的支援。由於科學進步，農耕大都以機器代替人工。因此，一望無際都是麥田。農舍寥落地點綴其間。法國的鄉下人口不多，大都集中住在城鎮。（據云德國、荷蘭的鄉村人口比法國的多，）農人都有自備車，工作時開車下鄉，完工後又回到城鎮。每經過一個小城鎮之前，老遠就可看到教堂的標誌，總是高高的，像鶴立鷄羣似的，在許多房舍之上，式樣不外圓弧形的羅馬式或尖狹頂的哥德式兩種。有的教堂甚爲古老，都有幾個世紀的歷史。由這些教堂的保存情況來看，歐洲的宗教氣氛還是很濃厚的。

廸容（Dijon）爲法國六大城市之一，在巴黎東南三百零九公里。此地有法庭，有主教公所，也有大學。它是鐵路和食品工業中心，出產芥菜、巧克力，及特製的黑麵包。另外還有肥皂及烟草工廠；金屬及建築器材也特別發達。這個城市的人口不多，街道比巴黎的乾淨多了。車子在市區繞了一週就繼續前行。這裏有條著名的河，人們常在此比賽帆船。我們在離城不遠的咖啡座小歇；令人失望的是法國鄉下衞生設備之差，出人意外。厠所仍是十六世紀之毛坑，用蹲的，又髒又臭。惟一可取的是蹲處有兩個脚印，使用人必須兩脚踩在脚印上，對準毛坑，不致弄髒四周。咖啡座旁邊有一塘池水，水上有石槽，其上沒有遮風雨之瓦棚。據云，這是以前婦女們洗衣的公共水池，因爲三姑六婆來此洗衣，聚集一塊，喋喋不休，所以也是搬弄是非，交換「情報」的中心。時值今日，水還在細石上流着，但已無人問津，一片荒涼景象。想當年多少鐵馬金戈；葡萄美酒；英雄美人；神奇古怪；在此宣播，悲歡離合，在此發生。而今景物依舊，人事全非，讓過往車輛馬達的喧囂，填補了那些蜚短流長！

到達法、瑞邊界之前，曾經過一個小城鎮，叫都勒（DOLE），這個地方的食品工業及建築器材，甚爲發達，有河流穿過，它滿山遍植松樹，因此利用天然的木材，到處蓋了類似瑞士式的木屋。

車經過街道時，一羣同欄的乳牛，大搖大擺的從山坡上下來，散兵行的隊伍，從車旁緩慢而過。這情景令我吃驚，以爲在機器普遍的法國早已沒有了牛哩！尤其可愛的是那頸下的鈴聲，叮噹作響，饒有趣味！想來科學固萬能，但牛奶仍要靠牛啊！否則牛也只好印在百科全書裏去了。

都勒是法國著名的自然科學家巴斯德（Pasteur）的故鄉，我們在車上看到有個特別紀念巴斯德的建築。巴氏生於一八二二年到一八九五年，他曾經完成了許多使得世人受惠的科學工作，譬如：立體幾何學，發酵，狂犬病及細菌之預防，活性炭之發明等，特別是對於蠶的病有研究，這雖然是個小問題，卻與人類「衣着」有關。在巴黎有個巴斯德研究中心，是專門研究癌症的，有條馬路和地下鐵也有一站叫巴斯德，也是紀念他的。

法國的地名、路名、站名大都是用他們過去的政治家、哲學家、文學家、教育家等人的名字。法國人之重視其歷史、文化由此可證。這是很好的機會教育，讓偉人永遠活在後世子孫的生活中，給後代子孫留下了楷模，而法國人也永遠活在歷史中，法國雖然也打過敗戰，投過降，亡過國，但法國人的民族意識及愛國思想，並未磨滅！在法國處處可以體現。在巴黎街頭巷尾，隨時可以看到一些大戰期間蒙難的英雄紀念碑，所以你也常常會在街頭路角的牆上，發現掛着的花束。在書店也有很多關於歷史名人的故事畫册，文圖並茂，對孩子們有很大的啓發作用。誰說他們是浪漫的民族呢？

從都勒往東走，不久到達法瑞邊界上的城市，叫崩達里（Pontarlier），在都市河區。有瑞士及法國的貨物。橱窗擺飾，琳瑯滿目，以產巧克力，乾酪爲主。也有小型金屬工業，也許是邊區了，街上並不太熱鬧。出城再又翻過了一個山，即到達了瑞士邊界；以為是用很多鐵絲網欄着，原來只是兩排大水泥柱，豎在此地，就代表「國界」了，多簡單！有一個小房子隱藏在樹林中，是入瑞士的驗關口，瑞士兵過來禮貌的檢查了我們的證件後，我們就進入了瑞士境內。為了表示友善，臨走送了兩塊糖給這位「守國衞士」的年輕軍人。

一九七五年九月于巴黎

（原載創新週刊一六二期）

二二、瑞士紀行

早上從巴黎出發，在暮色蒼茫中，我們終於到達了瑞士境內。除了在加油站看到一兩個人，似乎半天見不到一個人影，寂靜得好像進入了一個大花園。給人的第一個印象是安靜，沒有人聲、車聲。無論道路、山坡、住家都是乾乾淨淨，整整齊齊。走在瑞士的小徑上，就如同走在圖畫中一樣。瑞士人是個高山民族，喜歡把房子建在高高的山坡上。因爲高度開發了，無論樹、草都修剪得整整齊齊，房子四週也綴着各式花卉。時正夏季，盛開的玫瑰，如火如荼，花把枝兒都壓彎了！草地上開遍了小得不能再小的嫩黃雛菊，如同一個綉了花的地毯舖在山坡上。那紅瓦，木屋，草茵，綠樹，梯田，青山，白雲盡收眼簾。你站在那兒在原地上轉上一圈，那種感受就如同愛麗絲夢遊仙境一般。

瑞士之所以享有高度的太平安定，主要的是瑞士很早就中立，幾百年來沒有戰爭。與山爭地，整個「山域」幾乎全開發了，再加上大力的建設交通，發展輕型精密工業，彌補了她的先天不足，而造成今日的富裕。因此世上有錢的人都在此儲蓄。她除了國外工商業的大量存款外，一般老百姓都有儲蓄習慣，這些都是銀行存款增長，資金靈活運用的有利條件，使瑞士聯邦，有充足的資金幫助國內及國外的企業運轉。另外保險業的收入，在瑞士經濟方面也佔了很大的分量，私人保險公司及再保險公司在世界各地都有了分號。「人壽保險」即是由瑞士首創。政治及幣制的穩定。都造成瑞士經濟繁榮的原因。此外輕工業如手錶、儀器等。食品工業以牛奶、巧克力爲主，都替瑞士賺了不少外滙。

瑞士由於社會建設完備，人民福利優厚，在安閒中追求生活的樂趣，蒔花刈草，修剪樹木，油漆房舍，把他們國家弄得花團錦簇，加上天然的湖光山色，全國不遺餘力地在發展觀光事業，這種得天獨厚的「無烟囱工業」，使得瑞士每年有大量的收入，當然他們不是坐享其成的。他們之所以有今天，是靠世世代代，不斷的努力建設。在規劃開發建設之初，他們的祖先何嘗不是胼手胝足，吃盡千辛萬苦。想到我們的國內不也正在積極的從事十大建設嗎？相信不久的將來，臺灣也是個富强康樂的國家！

當晚到達瑞士大城之一洛桑那，這是位於萊夢湖（也叫日內瓦湖）北濱的一個城市。有大學，有十二世紀古老大教堂。一九二三年同盟國與土耳其在此簽定洛桑和平條約，制定了海峽管理及投降條約，因此爲瑞士的文化中心之一。瑞士聯邦共有二十一區，每一區有他的特有政府。聯邦政府則設在貝納，包括國會及州議會。另有聯邦法院，即設在此城。

洛桑那有兩家很大的中國餐館，其一叫「福祿壽」，店東朱先生來瑞士已十年，刻苦經營，迄今飯店規模不小。一樓爲酒吧，二樓爲餐廳，掛有宮燈、國畫，佈置得古色古香。異國遇同鄉，承他們熱忱招待，令人有賓至如歸之感，頓時解除了旅途疲勞。

洛桑那環境優美，它面對萊夢湖，背依阿爾卑斯山脈，不但替洛桑那大學吸收了許多國際學生，而且也吸引了許多高等社會有錢人士，來此退休隱居，頤養天年。因此，一個城市的富裕，和它的地理環境也確實有很大的關係啊！

萊夢湖是歐洲著名的湖，在阿爾卑斯山脈沙哇山區的北面。其形如香蕉，弧在北，兩端向南，湖面甚寬，湖的西南尖端，就是人人皆知的日內瓦城。兩端之間的南峯，隱隱靑山，卽是法國地區。也是有名的礦泉水的產地。萊夢湖的海拔高有三百七十五公尺，長七十公里。有條胡翁河從東南法境入湖，到西南日內瓦出湖，再流向法國，可以說是條腰纏大湖、出入法、瑞的國際河流，全長八百一十二公里。有五百二十二公里在法境內，其上游一支是發源於阿爾卑斯山脈聖哥達區的廝西山中的大冰河，北流到了法境，經里昂山區及波爵賴山區的山區河流，再加上終年有里昂山區及波爵賴山區流下的雪水，因而水流甚急，因其吸收了冰河水、雪水、雨水、湖水，水勢過猛，無船運之利，却有灌漑之便。同時也是法國重要的水力發電區。這河流經的波爵賴區，是法國出產大量葡萄的區域。

在法國，波爵賴是有名的「紅酒」招牌；流經里昂區，則是產羊毛、棉花、蠶絲，是里昂的經濟來源；最後流入地中海。在法國來說，它是一條重要的河流，對法國經濟有很大的幫助。

次晨沿萊夢湖北岸向東駛去，飽覽湖上晨霧，遠山晴嵐，眞是如詩如畫。中途，我們便停留在湖畔的一家私人別墅旁的水埠邊野餐。這裏分不出城鄉。沿湖幾十哩，可用的土地上，不是路，便是別墅式的小洋房。每座別墅都濱湖而築，前有車庫，後有船房，家家都有一座小浮橋，繫着各種不同式樣的遊艇。堤岸上種滿了花草樹木，有些人在此沿湖散步。

在萊夢湖畔野餐，餵天鵝吃麵包屑，赤足戲水，可算是一大樂事，令人留戀不已。岸邊的湖水清澈見底，遠處有青山的倒影，近處有天鵝浮游。瑞士的天鵝，特別美，有人飼養，是人們的寵物。湖中心帆船點點，遊湖的汽艇則散在四週。別墅後面的小型汽艇，倚在浮橋邊，閒來則全家大小着泳裝，登上遊艇呼嘯而去，縱情於山水之間。聽說歐美凡是有錢的人，退休後最大的願望，就是到瑞士安享餘年。可是我呢？望着這隱隱青山，漫漫湖水，夾岸垂柳，總不免勾起我對故鄉江南家鄉之思念啊！

公路、鐵路都是依山傍水而築。後面的梯形山坡，植遍白葡萄，據說可釀香檳的，瑞士香檳也是擧世聞名，不亞於法國。

車循着山路蜿蜒而行，抬頭遠望只見白雲深處，山巒起伏；山坡上綠茵片片。向下俯視，則是一片碧波粼粼，被驕陽照得閃閃發光。想起范文正的岳陽樓記裏晴天不就是如此嗎？山、湖、雲、嵐組合成一幅瀟洒的潑墨山水。何以上帝獨愛此地？把世界的美，都分給了瑞士。

雖然瑞士是個山國，但是由於資源的缺乏，使得瑞士在工業發展上，受到許多限制。例如瑞士沒有煤礦，絕大部份的動力來自水力發電，因爲瑞士到處有湖泊、有瀑布，水力發電尼可彌補煤礦的不足。火車是用電力推動的。由於人民的合作勤勞，大量的人力投資，加之技巧上的不斷改進，他們曾挖築了許多長程隧道，建造了環山鐵路。又發明了一種齒型鐵道，使火車可以上達三千公尺以上的高山，形成了一個精密完整的鐵路網，成了歐洲各國火車轉運的重要交滙點。

雖然瑞士的水力發電很豐富，但由於動力使用日增，也已漸感不够，準備建造原子發電中心，已在日內瓦成立了一個歐洲核子能源研究中心。

瑞士的富足，除了湖光山色吸引遊客，賺進大批外滙外，最要緊的是他們克服自己的缺陷——礦產的缺乏，不斷的在輕工業上努力發展，在這方面，他們是由一批專業技術人員的領導，而以研究人員的輔助下，加上大量的資金支持，工人的謹愼認眞熟練，使瑞士在精密儀器、化學、電學、紡織業各方面有很大的成就，成爲强大的工業國。

車子奔馳在山道上，忽高忽低，忽左忽右，忽快忽慢；車外的畫面不停地在眼前跳動，眞有車小山大、天高路遠的感覺。經過多次的峯廻路轉，終於爬到山頂的一個平地，突然視界遼闊，近處野草之淺綠，連向遠處山巒之深處，令人心胸舒坦。我們不禁引吭高歌。同行的法國年輕夫婦也跟着我們哼「高山靑，澗水藍」的調子，還有「康定情歌」、「在那遙遠的地方」等民謠。歌聲廻盪在靜靜的羣峯中。

每一個角度都是幅生動的畫面，看來那些多彩多姿的西洋鄉村風味的風景畫兒，大概都是在瑞士寫的生，旣覺新鮮，又覺似曾相識。這些景物中，我獨愛那些一方方、一塊塊的紅瓦木屋，它們錯落有致地被嵌在樹叢中，可愛得像聖誕卡片上的畫。窗欄都被雕成花邊。陽台上的花兒草兒，懶洋洋地爬在彩漆的雕欄上，在微風中搖曳生姿，再配上青翠的草坡，顏色是那麼鮮艷，線條是那麼清楚，像狄斯耐卡通片一樣，就是沒小矮人、白雪公主之類的。法國友人老莫看我們如此歡喜，特把車停在山路邊，讓我們下車欣賞，眞想在那草地上打個滾兒。可惜被那路邊的矮欄杆擋住，只得深吸一口那剛剪過草地的那股新鮮青青味兒。不知誰說過「花」是天地靈氣之所聚，滿山遍野的花，這才是「花花世界」哩！

早期的阿爾卑斯山脈是由巨形的石灰岩折擘所形成，地質特殊，所以耕地貧乏，又缺少主要資源，如鐵、煤等。但草木總是要長的，所以他們利用山坡闢爲牧區，於是畜牧事業在瑞士是非常的普遍。其中以養牛爲主，特別努力發展牛奶工業。把牛奶加在巧克力裏面，也是瑞士人首創的。

據統計，除百分之三十五的鮮奶在當地消費外，百分之八是製成奶油，百分之三十二製成一種賁熟的乾酪，其他則製成黃油、罐頭牛奶、奶粉、巧克力嬰兒食品等，都替瑞士人賺得了不少外滙。

我們途經格律葉小城，該城就有一個乳酪製造廠，它的乳酪卽是把牛奶煑熟以後才加工的，這種乳酪有充分的鈣質，對發育的孩童特別有益。這個食品工廠是歡迎旅客自由參觀的。

車在重巒疊嶂的山中行駛，峯廻路轉一山又一山，猛抬頭對面高山頂上白雪皚皚。我們在此崖邊停下，隔着一條深深的峽谷，正好與對面高聳入雲的石壁遙遙相望，很像我們的橫貫公路天祥一段。石壁半腰上掛了一條瀑布，素練高懸，飛泉直瀉到谷底，跌落在亂石之上，碎玉迸珠，於是山下溪流滾滾，不知流到那裏去，又聚成湖泊！半山飛泉，飄出陣陣水霧。突然令人想到念奴嬌中的「亂石崩雲」。望着雲山蒼蒼，宛如身在廬山，又像是黃山。天下壯麗的景色，大都具有相同的氣質的！融身在大自然中，有種出塵洒脫，渾然忘我的境界！

在這片山中，看不到一個人影，却有一座古老歌德式教堂，尖尖的頂，在這山色蒼翠中，它顯得特別嬌小玲瓏。但教堂的大門似乎不容易進去，因爲門前是一片揷滿十字架的墓地，墓碑前面點綴了一些花草之類。這是我第一次看到把墓地設在教堂門前。教堂正好與對面的峭壁遙遙相對，加之山坡上針葉植物，清癯鶴立。遙望山後諸高峯斑斑白頭，這景色予人以淒涼之感。聯想到瑞士雖美，但缺少年輕人的生氣，到處是成熟的寂靜，如同進入了「養老院」，最後把山水讓與後人，自己最多換取紅磚教堂前一尊石雕的十字架而已。

當暮色浸上山腰時，我們沿着都恩湖，輾過大橋，撇開那些帆船，又彎進了山區，最後終於到達了海拔一千多公尺高的格林勿得。這是個渡假勝地，因爲它是山谷中的一塊淺坡地；有樹蔭，有草坪，有河流。在茂林綠茵中，早已搭滿花花綠綠、大大小小的露營帳蓬。

老莫夫婦開始撐起他們攜來的黃色帳蓬，而我們則下榻於一家典型的瑞士旅舘——卡通漫畫裏的那種形式木屋。旅店老闆笑容可掬地慢條斯理地，很有耐心地帶我們去參觀每間套房、陽台。他打開重重窗門、簾幙，你不滿意，他關上後又帶你去看另一間。每間總是要說上許多好處，這間可以看山哪；那間可以聽水哪；這邊有陽光哪；那邊視界廣闊哪……據云瑞士人做事很慢，反應也慢。老莫說：「瑞士人星期六在晚宴上聽到一個笑話後，要到次日坐在教堂內才會想到好笑。」別說他們做事慢，却很一板一眼的，房舍的建築工程，相當講究。無論木樑、門窗、牆壁，都非常堅實厚重，百年不壞似的，看不出一點偷工減料來。木料部份也不上漆，仍然保持原來本色。

老闆看上去約五十歲左右，紅光滿面，精力充沛，會說英、法、德語，見我們是東方人，他滿口倫敦腔。這家旅舘已是祖傳三代了，經過他的整修重建，經營得法，這幢房子着實替他賺了不少觀光客的錢哩！

爲了欣賞風景，我們選在三樓的一間套房，標準的觀光水準，還有陽台、躺椅，推窗望去，正面對着峭壁千仞的雪山——埃哥峯。由於是夏季，只剩下山頂的積雪，遠看如同戴白色的瓜皮小帽兒。山下雪水溶成小溪，終日濁流如吼。斜對面的山坡上有爬山火車蜿蜒。樓下是露營區，男女老幼，不管環肥燕瘦，都穿着各式的泳裝，（歐洲人着泳裝，大都爲了作日光浴，並不一定是爲了游泳才穿的！）孩子們在草地上丟球追逐。大人們或坐在躺椅上看小說、打瞌睡，或則拎着水桶到溪邊打水，小鍋小灶地做飯，就在營帳外面的草地上野餐。這就是歐洲人所謂的渡假生活——遠離繁囂都市，到野外過過原始生活，接近自然。這點可以說是西方人的「人情味」吧？

陰特拉根位於貝努瓦阿爾卑斯山脈脚下，界於都恩湖與貝瑞斯湖之間。它的名字也卽是「在兩湖之間」的意思。早在十五世紀時，原只是一個修院，及後漸漸形成一個城市，至今仍可由改建的古堡及教堂找出當年初闢的遺跡，這也是有名的觀光區。東西二湖已鑿有運河，可以連成一氣。有船艇航行，湖上帆影搖搖，各式大小遊艇飄浮於東西兩湖上。

公路築於湖濱，湖水幾與岸平。路邊草地上，就有不少「弄湖兒」；或游水，就躺臥草地上，或躺臥小船上；我們站在山坡上可以欣賞湖西半山上的落日餘暉。

我們穿過陰市，沿着貝瑞斯湖北岸，傍山依水而行，曾經去過的榕格福契雪山，仍可遙遙相望。翻一山又一山，走一村又一村。在此第一次看到蘋果樹，棵與棵之間相距甚遠。據說當蘋果熟時，整棵樹張上網兜，機器震動樹幹，全部蘋果落於網中，卽可裝箱運售，不用人爬上樹摘取。難怪歐洲蘋果便宜，原來如此方便收穫！棵與棵之間所以要相當距離，大概好拋網吧！

綠珊是瑞士的大城之一。這是個非常繁榮的城市。它原是一個小漁村。第八世紀時由一些阿爾薩斯的修士建造一座歌德式教堂。十三世紀在此開了一條由法國經此到義大利的通路，後來由於商業的發達而於一八七三年成了一個重要的商業城市，但却是個德語區。

市區沿湖部份，建成小型湖濱公園，樹蔭下，靠椅上坐滿了欣賞遊湖的人們。岸邊很多碼頭，有大小船艇，供遊客遊湖。據云，遊湖一週要花六小時。由於水草多，水面上有許多水鳥，白天鵝當然是免不了的。

湖上除了有一公路大橋外，尚有兩座古老木橋，頗有我們清明上河圖裏的況味，與水泥橋上羣車呼嘯而去是迥然不同。我們去了靠湖口的一座木橋，彎彎曲曲的成廊形，瑞士人叫她貝勒不克橋，建於一五九七年。兩邊是一公尺多的半腰式木壁，有欄柱，柱上懸以盛開的鮮花盆景。柱頂橫樑，建成屋頂，舖以紅瓦，像個水上長廊。廊內行人如鯽，此橋長兩百公尺。橋內的屋脊上依序掛着一百二十幅三角形的彩色「粉」畫，是十七世紀的作品，廿世紀又再以整理。每幅畫的下面用德文詩句描述此城之開創歷史及發展經過。

橋的半腰有六角形的水塔；尖尖的六角紅頂，叫水中古堡，其中有賣風景片及紀念品的店舖，這可算是這個城市的一大特色！

綠珊的火車站更是熱鬧，站內有許多商店，陳列出形形色色的商品，除了日用品外，最引人注意的是那些大大小小的鐘錶；有掛在牆上的貓頭鷹、小鳥、小木屋等各式各樣的鐘；也有擺在櫃內各式手錶，長、圓、方、扁形形式的，眞是巧奪天工。其他如紡織品、刺綉都相當出名，由於絲織品、紡織品等在染色方面的需要，引起瑞士從染色化學方面去研究，成爲世界顏料中心，出產漸漸發展到藥物色彩、人造香料……。

這是除奶品、機器、化學產品以外，瑞士一項重要的出口工業，每年生產七十五萬個鐘錶。百分之九十七運銷各國，產量約佔世界鐘錶產量之半，今天人人都喜歡的自動手錶，就是由瑞士首先製造成功的。

鐘錶工業大多在茱哈山麓一帶地方發展。瑞士的鐘錶廠商一直在努力研究改進鐘錶的準確性。以前是世界霸王，現在日本、德國、美國、法國，都成了强烈的競爭對手。特別是日本，是瑞士鐘錶業的一大强敵，其他各國都是自行研究發明新的優點，來與瑞士錶競爭，日本則利用偷取情報的方法，來搶市場。在國際貿易競爭激烈的今天，我們的朝野人士，也應該向高級精密工業方面求發展。像瑞士一只名貴錶，足可抵上我們加工出口區女工們替別人裝配百台電子計算機的代價。有些算盤我們不能不打！是不？

一九七五年夏記於巴黎

（原載於中副六十四年九月廿七日）

二三、遊榕格福契雪山

在此盛夏炎暑，上到阿爾卑斯山頂欣賞雪景冰河，該是件多麼愜意的事！早上，在海拔一千多公尺高的格林勿得車站上了爬山火車後，開始了我們的冰宮之行。這是第一次坐帶齒輪軌道的火車。車繞山蜿蜒而行。十分鐘後，那房舍、梯田、叢樹，一切景物盡在眼底。從玻璃窗望出去，只見高山之頂，白雪皚皚，如白頭老翁；近處則草坡上乳牛頸下鈴聲叮咚。無怪人們都喜歡夏天來遊雪山，銀色的世界，襯托着綠樹紅花；還有那半山雪水溶成的溪水，從山隙中潺潺流下，這景色不比冬天更生動麼？

車爬到一個小山頂的換車站後，遊客魚貫下車，這兒有個車站及販賣土產紀念品之零售攤位。撐着陽傘的露天咖啡座內，是來自各地的遊客。由於太陽照在雪地反射着强烈的光，比平地更形炙熱。人們皆着夏裝，坦胸露背者，比比皆是。也有許多全副武裝的爬山者，手執拐杖，成羣結隊由山脚爬到此地，然後再坐車下山。甚至連四、五歲小孩，也夾在大人之中，接受爬山訓練。也有的爲了省力，先坐車到此，再步行下山。總之他們要想盡方法，征服「山」。

這裏有海拔二千多公尺高，山巒重疊，有名的埃哥山峯海拔三千九百七十公尺，就在對面，遙遙相望，它峭壁千仞，靜立不動，眞是飛鳥不可越，令人有「振衣千仞岡，濯足萬里流」之豪情。

日正當中時分，我們又換了另一班小火車繼續往雪山深處爬去，目的地是海拔三千五百四十公尺的榕格福契山峯。這也是一種齒形的環山鐵道，車廂下面有推雪的設備；車內開着暖氣。不久，車駛入傍山搭出來的木造隧道，這是爲了雪崩怕火車遭意外而設的，看起來像火柴盒。出了木造隧道，旋又穿入山洞，約有四十分鐘全在洞內往上爬。中途有交滙點，停下等候錯車。

在黑洞中行駛是很沉悶的！怕旅客無聊，在半山壁上，鑿了許多窗洞，裝置玻璃，可以讓人看到外面。由於在雪線以上，整個洞內，寒氣逼人。兩次停車讓我們飽覽了洞外雪景，當然這是「坐井觀天」式的！第一次往外看時，只見村舍、雲層都在脚下，溶化的雪水沿着玻璃窗流下。第二次是連房舍、雲層都看不到，只見洞外左一堆、右一堆的雪山，像撒哈拉沙漠上的沙丘，看不到雪以外的東西。半窗爲凝冰所掩，冰層澄碧如玉，大家爭相攝取鏡頭。

到達目的地，車仍在洞內，像我們金門太武山一樣，洞內甬道縱橫，讓遊客循道探幽訪勝。洞內並開有觀光餐廳，展覽室，簡報室，盥洗間，電氣間，工作房……幾乎把一座山都挖空了。

我們通過一條由冰鑿成的長廊，到達了萬年不化的冰河腰部所鑿成的「冰宮」去參觀。其中有廳有室，有車房；還有輛冰鑿成的吉甫車。壁洞內有冰琢的聖母像。室內有冰家具，如餐桌椅櫃等。一位遊客擺出侍者的姿態幽默地問我：

「小姐，要香檳嗎？」其實誰敢坐此名副其實的「冷板凳」呢？

冰宮內有個全副愛斯基摩裝束的女攝影師，手執閃光燈相機，在招攬生意。走道、扶梯，滑如琉璃，稍一不愼，便會來個四脚朝天。甬道旁有一邊是木板壁，上面滿是遊客簽名。世人都難免俗，到了風景名勝，總難免找塊地方簽名留念，那些簽名也是形形色色，各國字體，有學校團體；有情人共遊；有新婚蜜月；也有用刀刻的，油漆寫的……不一而足。

從冰宮的一個小門出來，外面是個小山丘，極目四望，全是銀色世界，冰雪被陽光照射得令人耀眼欲花。以爲外面很冷，特地全副冬裝，出來一看，哪裏是冰雪高峯？人們全着泳褲及三點式泳裝，在雪地上坐着、躺着，晒太陽、唱歌。娃娃們在打雪球，堆雪人。有位男士，情不自禁地引吭高歌，空谷回音，響徹雲霄，博得一片掌聲。

從冰宮出門，要經過一段斜坡，才上得「冰原」。我隨着人羣，跌跌撞撞地從山頂爬去，踩着白雪，一脚一個坑，間或停下來抱一團雪，感動得直想流淚。雪地上也放置了幾條木頭，耐不住雪地冰凍的人，可以坐此休歇。也有人從高坡上像滑滑梯一樣滑下來，形成了一條雪地之滑梯。崖邊有幾塊大石頭，許多人坐在此俯視峽谷中的萬年「冰河（床）」。據云此冰河正面對着羅馬。這冰河不知多少萬年前，原是兩山之間深谷，由於常年積雪，而形成現在之冰河。據說這冰河一年只能移動五公分；但前雪未化，後冰又結，眞是大自然之奇觀。冰河上偶有幾隻黑色鳥在空中飛翔，點綴了這銀色世界。走冰河融合了「古今」，面對億萬年的不溶之冰，於此，更覺人之渺小。

也許瑞士人也覺此地如非洲沙漠，又是古老冰河，因而把一座觀測的天文台，就用了古老埃及神話那座人面獅身的名字——斯芬克斯。

穿過一條長長甬道，到達上觀測台的電梯口，排隊分批上去，此地已是海拔三千五百七十三公尺了。而這座建於一九三七年的天文台，又有一百一十二公尺高。它正在冰河口，欣賞冰河，正是居高臨下。台脚的後下方冰河背陽光處，用繩索圍成了一個溜冰場，被太陽照得閃閃發光。另外還有一個滑雪場。

阿爾卑斯最高峯之一孟契卽在此台背後，它是海拔四千零九百九十公尺高，眞正的使人感覺到「一山還比一山高」。

（原載中副六十四年十月五日）

二四、教育工作要紮根

——讀「拼圖片」有感

巴黎，可以說是西方歷史、文化、藝術的大本營；到處是紀念堂、博物舘……就從逛書店來說吧，也是會令人獲益匪淺的！

那兒童讀物部所陳列的「拼圖片」，在中副先後拜讀了允緯、媛媛二位女士的「拼圖片」，着實引起了共鳴！

「拼圖片」的花様繁多，作者筆拙不能一一描述，它除了「拼地圖圖片」大都以具體實物爲主。這種圖片是用質料很好的厚紙盒裝着的，盒面上印有已拼好的圖片：如獅子、大象、長頸鹿以及人物、橋樑、房舍風景等；其畫面之生動，色彩之調和，製作之精美，都是足以吸引人的。家長們帶着孩子們，讓他們選擇自己所喜歡的買，當一組圖片拼厭了，可以換另外一副，花樣多，但均富啓發智慧，增進文化，生活知識；從拼圖中，也就讓兒童們認識了許多課本以外的大千世界。

除了拼圖以外，還有拼字遊戲，這是拼音文字特有的，一盒字母，足够讓孩子們去拼他們曾經學過的生字，字母是用約一寸厚的硬紙做的，上以顏色，孩子們很有興趣。

除了這些玩意，最令人稱道的是那些動聽的兒童故事唱片，大都是四十五轉的小型唱片，一張一個故事；外面配上一本有文有圖的書刊，可以讓孩子們對照着聽。說故事的大都是大人，讀音準確優美，其聲調緩慢、高低，是隨故事的情節而變化。有時一個人做出兩種不同聲音的對白。有的就找許多人，像錄廣播劇一樣，還有聲響效果，音樂配音，眞是繪聲繪影，令人有身歷其境之感，比父母說得生動。當然有了唱片，父母也省了許多事，它可以代替父母說故事，而使孩子在床上，放張白雪公主，睡美人，小王子……等，就進入夢鄉。

作者曾想寄此類唱片到國內，但孩子們又聽不懂法語。不知國內是否也有人作此種唱片故事，用適合中國國情的兒童神話故事，歷史名人故事，諸如二十四孝，西遊記等，不妨擇其精采之處，以「說書」的方式，用優美的文詞做成兒童易懂的唱片，或卡式錄音帶，學校亦可以用做教材。加之年來國民生活水準提高，應該很容易推廣的，甚至可以銷到海外華僑的子弟們，讓孩子們耳薰目染後，民族精神，愛國思想，高尚情操，自然而然地浸入兒童的腦海。很多孩子會「學嘴學舌」地唱某些流行歌曲的歌詞，却不知道「孟母三遷」的故事，這是很可悲的！

除了上述故事唱片外，那些十六開的故事畫册，也是文圖並茂，印刷可稱得上「精美」兩字。如一百五十名人故事畫集，把法國歷史上大人物的生平，扼要地畫成連環圖。孩子們從小接受那些名人事蹟的感染，對那些科學家、教育家、文學家、藝術家，打從心底羡慕，從而仿效。我們的出版界、文化界是否也可以作一些本國的名人介紹呢？不要整天都翻印人家的，那些翻印的外國故事，一點也不加工，就那樣塞給孩子們，難怪養成孩子們長大了只知「世界偉人都在外國，中國人一無可取！」的崇洋心理。

其次談到法國的民族精神教育，不僅是限於課本上的。以巴黎市來說，無論路名、地名、站名大都是紀念法國過去的偉人。街頭巷尾，隨時可以看到一些紀念碑，上面刻着爲保衞法國而犧牲的人名，並刻着年月日，每到該殉國者的忌辰，總是有些人來此獻花。其他如名人墓，凱旋門之無名英雄常明聖火……在在表現國家民族意識。但他們從來沒有把這些東西放在教育主管的會議桌上，或是學校的週訓牌上，或是演講。作那些不切實際的宣傳，結果只是一些形式，毫無實效。他們是把古今熔合在一起的！讓兒童以法國爲榮耀，他們懂得這是很好的機會教育，也是教育從根紮起最好的辦法，國內有心愛惜下一代的兒童教育家們，不知有此同感否？

六十四年九月寫於巴黎

（原載於中副六十四年十月三日）

二五、值得借鏡的法國電視節目

筆者甫自法國返抵國門，看到國內經濟的繁榮，社會的安定，莫不歡欣雀躍。惟一感到遺憾的是每一打開電視，不是靡靡之音，就是廣告的噪音，要不就是以清宮爲背景的連續劇。大人小孩都守在電視機前，好像人都爲了「電視」而活着，可怕的是我們的下一代動不動就擺出一副武俠劇中的架式，或是跪在地上作奴才連聲「喳，喳」！由此可見電視影響力之大，似乎已取代了學校教育、家庭教育。這使我想到旅居巴黎期間所看到的一些電視節目，雖然不是十全十美，但也有可取之處。

法國人對子女的教育非常重視的，在這方面家庭教育與學校教育，是力求與社會教育互相配合的。譬如說：電視上遇到放映色情和暴力影片時，必須在銀幕上打出白線，以提醒家長的注意。而且播映時間都在孩子上床以後。如果是在戲院放映，則門口一定張貼十八歲或十三歲以下不准入場的字樣。

電視上的廣告費甚高，主要原因法國電視是國營的，他的財源係靠廣告費及廣大的收視費。因此廣告少，而節目內容充實，節目的製作不是聽命於廣告商，而是配合付了收視費的觀衆。茲就個人記憶所及試學部份節目於後：

晚上七點鐘，也就是電視台在播報新聞的前後，都是播放有關教育意義的節目，但內容並不重複。譬如第一台的對象是兒童，內容則以卡通爲主，或由大人、小孩裝扮成各種動物的木偶劇。

第二台的對象是成年的大學生，內容着重智力測驗。譬如拼字、算術等遊戲，也有評判記分的先生們。

第三台的對象是青少年，內容多創造性，大都是介紹戶外的活動（法國對青少年戶外活動甚重視，就以往來說，三個孩子的家庭，其房間一定要比兩個孩子的家庭要大，而且政府可予補助經費，因爲空間大、空氣新鮮，有助於孩子的健康，凡是公寓式的房子，樓下一定闢有小型的公園）。某次節目中介紹有關青少年划船、露營等活動。一羣中小學生們在河邊自己釘帆船、上螺絲、裝舵等，老師在旁輔導並參與工作，充分發揮了生活創造以及團隊合作精神。孩子也充滿活力，最後帆船釘好了，與高彩烈地把船推到河裏舉行駕駛比賽。充分寓教育於生活中了。

每週日晚上的歌唱節目，是受廣大羣衆歡迎的。現場的觀衆圍坐在台的四週。歌唱者在中間的舞台上，載歌載舞，台上台下打成一片。譬如歌星唱了一首衆所週知的歌曲時，台下的人也跟着邊唱邊打拍子。歌星的唱片銷路也往往在銀幕上打出名次來，不過這些歌曲，都是以法國民謠風格爲主，決沒有唱外國歌得獎的，爲了爭取榮譽，歌星們很認眞地唱，卽使是被宣佈最後一名，仍是很有風度的與觀衆見面。歌星不在貌美，一次看到一位「其貌平凡」的在唱歌，別人告訴我他就是目前最紅的歌星，是年輕人的偶像，因爲此人除了有一副好嗓子，還有表演的才華，自編自導還會作曲。那些歌讓我們聽來，有一種感覺就是不像唱歌，而在朗誦詩篇。音調美又有韻味，又押韻又諧和。據云法國人最以他們的語言爲傲，由此看來是有道理的。他們的歌唱有輕鬆，也有嚴肅。一次在銀幕上出現了紅星亞蘭德倫的面龐，這位影壇上有名的情聖，表情凝重地唱了一首紀念歌——紀念法國死去的英雄們，背景是好幾排的十字架叢，歌聲低沉，扣人心弦。

常常一打開電視，銀幕上就出現了四、五個人在辯論一個問題，有男有女。他們毫不拘束地發表自己之看法，有時爲了固執己見，爭得面紅耳赤。每個人都是善辯者，只要自己有理，是絕不讓人。看了這種討論，就如同上了一課社會學，獲益不少。例如老人問題、失業問題、石油問題、退休問題……都是時下最熱門的問題，有的亟待改善，有的已得到結論。

國內正在熱烈地討論青少年問題、親職教育，如果敦請教育家、心理學家、以及家長子女們到電視上，以本身的經驗，針對青少年的問題來作現身說法，一定可以發掘更多的切實問題，這是全面性的問題，每一個人都是主角，而肩負此社教作用的，莫過於電視這大衆傳播工具了。

法國的三家電視台，都各具其特色的；第一台以新聞為主，以一般大衆為對象的。第二台則以專門性的爲主，如經濟、社會性的。第三台則以歷史文化爲主，屬於學術性的。其中第三台的歐洲文化介紹，是我最愛看的，每週一次，雖然只有一小時，却把人帶到了十六世紀。主講者是按照畫面、塑像、雕刻、建築造型、歷史背景及其影響，逐一介紹的。譬如介紹到文藝復興運動發源地義大利的藝術時，鏡頭照在龜裂的古代教堂壁上或是穹隆頂上，那些以宗教或神話爲主的人物雕像（諸如神女、天使、聖嬰），都刻畫得「栩栩如生」。

歐洲文化節目之後接着介紹北歐各國人民如何克服環境的實況，眼界開闊，知識領域更廣了。譬如介紹冰島漁夫如何與風浪搏鬪，如何把魚烹調成各種不同的味道。諸如此類的影片，大都是以自然人生爲主題，當然人的視野是廣闊多了。

也有的時候介紹法國的農村、漁村。主持者都是到實地去拍製的，譬如葡萄收成季節，則到葡萄園去訪問那些農民。有關他們生活、感想經驗等，從如何種葡萄到如何釀酒，話題是很廣泛的。從他們的談話或是實際生活中也許又給農學家發掘一些問題；而且從他們日出而作的勤勞精神，給城市中心的人做了很好的楷模。這就是縮短了鄉村與都市的距離，鄉村都市化、都市鄉村化。他們的電視可以說是屬於大家的，各階層都有上鏡頭的機會；不是老把鏡頭關在攝影場中拍那些熟悉的明星面孔的。電視與觀衆如果打成一片，則可以說收最大效果，而電視節目社教化，實在是刻不容緩的事！

螢光幕上常有新書的介紹，主持人提出新出版的大衆讀物，在電視上作客觀的批評，讓讀者知道新書的內容與優劣。兒童讀物及唱片也經常介紹。如有珍貴圖片，則用特寫鏡頭打出，往往在介紹故事書之後就有一個適合兒童看的電影，如「現代魯濱遜記」、「動物世界」等，以提高兒童興趣。如是唱片，有時就請這位歌唱者跟一羣兒童同上電視唱這些兒童們愛唱的新歌。一片歡樂，旋律簡單自然，如同說話，歌詞也十分切近兒童的口語。

在能源缺乏的今天，名片重播，實爲智舉。法國的電視台，除了週六、週日晚上有特別節目外，平時在八點過後，大都有一個半小時的電視影片，很多都是以前的老片子。除了法國的電影，其他語言的電影都配成法語發音，重新播出。譬如法國人喜歡瑪麗蓮夢露，她主演的片子，也常重播。有一次看到碧姬芭杜的電影，奇怪她怎麼還在拍片，後來才知道是舊片重演，因爲影片內的服裝、髮型都是十年前流行的。不知道人類是否眞有歷史癖！總覺舊的名片比今天的片子有深度、而且感人，所以他們的電視週刊每週都有幾個名片介紹評論。此外，看電視影片有個好處，就是沒有廣告的干擾。

電視上的話劇大都是尋開心的鬧劇，以迎合一般小市民的口味；題材是取自一般的生活上。這種劇本層出不窮的，主角總不外乎夫妻兩人，再加上第三者（配角），帶諷刺性的劇情，常引人發笑，頗爲類似蔣光超的「你、我、他」節目。

（原載中央日報六十五年四月三日）

二六、英倫行

巴黎到倫敦

早上，天剛露魚肚白，我們就趕到了巴黎北站，坐上開往加內 Calais 海港的火車。車向西北而行，約十二點，到達港口，下車後隨即接上一班開往倫敦的渡輪，開始了我們的英倫行。

這是艘規模甚大的渡輪，上下二層，內設有咖啡座、餐廳、免稅商店以及換幣銀行等。座位都是寬大舒適的沙發。我們坐在靠船艙的火車座。隔着玻璃，可以欣賞聞名世界的英吉利海峽。一路天氣晴朗，風平浪靜，眺望海影波光，毫無暈嘔不適之感。

這個以海洋爲天然屛障的島國，海峽最狹處，僅有三十四公里，據云：最近有一位自告奮勇的女子，以七、八小時從法國游泳橫渡到英國，一時傳爲佳話。

鄰座是位熱心而又健談的老太太，她是美國人，却一直居住在英國。問她理由，她却說：「我先生喜歡園藝。」原來她先生是英國人。聽說，英國人最大的嗜好是園藝，難怪整個英國就是座龐大的公園。

一路承這位老太太的指點，告訴我們到了倫敦如何住到便宜又舒適的房子；如何坐地下車等，這使我們以後在倫敦的一段日子，解決了住和行的大問題，誰說外國人沒人情味呢？

鄉下風光

約一時許，到達英國的佛克斯東港Folkstone，驗關後，旋卽轉火車前往倫敦。一路上大大飽覽了英國的田園風光。隔着車窗，放眼望去，所經之地，皆是大片大片的草原，眞是地廣人稀，平舖遠去的，是不見涯際的牧地，到處是一群群的牛、羊，正是：「天蒼蒼，野茫茫，風吹草低見牛羊」之寫照，妙的是每隻牛、羊身上，都蓋着鮮紅的印章，更點綴了這片「綠」。英國畜牧事業之發達，亦由此可見。

英國的鄉村美，是早有所聞，不想今日却身歷其境。我忘記了旅途的疲困，目不轉睛地把窗外的風景映入眼簾。印象最美好的是那些隱藏在疏密林木中的農舍，白牆紅瓦，煙囪三五，無論是平房、小樓，前後都是大片的空地。或蒔花，或植樹，或闢菜園，或養雞犬，眞是一幅安靜的世外桃源。難怪退休的老人，或貴族之家都喜歡隱居鄉下，是有其道理的。

由於鄉村房租便宜，在城市上班的公務員，爲了遠隔城市煩囂，寧可把家眷安頓在鄉下。近城市的郊區，有城市的一切電化設備，這點是英國人最足以爲傲的。因爲他們的論調是：鄉村與城市的水準一致，就足以表示他們國家文明的程度。

歐洲的火車，都是包廂似的，一個包廂有兩排對坐的坐位，每排坐三人，座位亦都舒適寬大。對面坐了一位美國佬，相談之下，才知道他曾於十年前在臺灣中南部住過兩年，在美軍駐防單位服務。天下之大，我們竟有緣在英國的火車上「巧遇」，實在太難得了。他頻頻翹着大拇指說：「臺灣的啤酒眞好！」「臺灣是個美麗的寶島！」……在異邦，聽到異國人說這樣的話，怎能不令人喜形於色？這算是巴黎到倫敦的小插曲吧！

我們一路上有說有笑，不知不覺就到達了倫敦的維多利亞火車站。感謝渡輪上老婦的指引，我們終於找到一家又經濟又舒適的旅館。旅館位於南克斯敦 South Kensington，這一帶式樣一致的旅館，據說以前本是住宅，後來主人都遷往鄉下，這兒就成了家庭式旅館。它的特色是：外牆全是白的，門牌的號碼大大地用黑漆漆在門前的白色方柱上端，對比醒目，遠處可見。因爲每棟樓都有地下室，要有窗戶陽光。所以每家正門前都有五、六層小石階。我們下榻兩樓，倒也淸靜幽雅。除了各種基本設備外，還有防火門。客廳、娛樂室都在一樓。餐廳、厨房在底樓。包括早餐在內，一天房租只要六鎊（約合新臺幣四百八十元），實在便宜。

英國的早餐

吃過巴黎的西餐，再吃英國的西餐，簡直是淡而無味，有難以下嚥之感。想不到只一水之隔，兩個民族在吃的藝術上都有如此大的差距。儘管如此，英國的早餐，却給我留下了美好的回味。

我們住在倫敦的這段日子，每天都享受一頓豐盛的早餐，每當走到餐廳門口時，那濃郁的咖啡以及烤麵包的香味，就撲鼻而來，不得不使你胃口大開。

餐廳並不大，是家庭式的，四、五張舖了桌布的枱子，可以十來個人用餐。厨房緊鄰著，一位厨師在烹調，另一位身繫圍裙，髮別花邊的女侍者，就像蝴蝶似地跑進跑出，服務殷勤，令人有賓至如歸之感！

小碟小碟的菓醬，牛油等麵包佐料，是固定在桌上的。第一道是開胃的菓汁，接着是一大盤主食，裏面有兩隻剛煎出的荷包蛋，幾片火腿（有時是烤香腸），另外還有些罐頭的黃豆（或是洋芋泥），如果你願意，還可以來盤麥片粥，極具營養價值，而且色香味俱佳。

咖啡、紅茶各一大壺，另加牛奶一小壺，是儘你的量吃的。平均每人有兩杯的量，一道道吃，一杯杯喝，少不了一頓早餐要花去一個小時，英國人之慢條斯理亦可想見。

英國人不但吃早茶，還要吃下午茶，多半在下午四點左右，一杯紅茶在手，一碟可口的點心，至少可以消磨一兩小時，眞不敢計算，英國人消磨在飲茶的時光，佔去了他們一生的幾分之幾？

據說茶葉最早是由荷蘭人帶回歐洲的。當第一次在倫敦的咖啡室內出現茶時，曾轟動當時的名流貴族，大家爭相奔告。喝茶一時成了時髦玩意，由於供不應求，走私之風大盛，後來印度的茶輸到了英國，才解決了茶荒，迄今他們仍然喝那又苦又濃的印度茶。英國人如此嗜好飲茶，却千遍一律地只知道紅茶（茶袋）加糖，這點和我國喝茶的藝術，眞是不可同日而語。

英國人的保守固執，從他們喝紅茶加糖，亦可以想見了。外子嗜茶如命，此次旅遊，隨身携帶了臺灣產的清茶，可惜旅舘無開水供應；只有委屈地喝那又苦又澀的紅茶了！

的士、巴士、地下車

倫敦最大的特色是：滿街都是黑色的「的士」及紅色的雙層巴士，似乎提醒你別忘了這就是倫敦。

初看這種麵包形的黑色怪物，眞覺得英國人的保守，這樣老式的汽車，何以不予淘汰？後來才得知，這種汽車甚爲昂貴。主要的是結實耐用；尤其是載運行李方便。英國車靠左行，司機一律坐於左側，和後面的乘客之間，有一玻璃窗相隔，雇主之間的距離劃分得很清楚。後座多是兩排對坐的位置，便於客人聊天之用，而前座的右側是放置行李的。

我喜歡夜間坐在「的士」上逛街，古老的汽車，在昏黃的街燈照射下，是頗有思古之幽情的。

此外，倫敦多霧，晚上開車之前，必須先亮着車燈，開着暖氣，然後使窗外的霧氣消除後，再開車，每次總要折騰一段時間；心想，英國人的堅忍性格，大概是在霧中養成的吧！

英國人是講究享受的，早上公司行號都到十點才正式上班，人們有睡早覺的習慣，八、九點街道還是冷冷清清的。從旅舍出來步行到巴士站，遠遠可望到維多利亞博物館的尖塔。這一帶是交通要道，兩層的紅色巴士一輛接一輛，不停地送走上班的人們。車行的速度是很緩慢的，有些人攀在車門處，車一停站，就跳了下來。據云這種巴士在倫敦相當普遍，它分成幾百條路線，解決了市民行的問題。

逢到霧大時，那些來來往往的巴士都亮着車燈，難怪巴士都是紅的顏色，是要人提高警覺吧！路燈也都是黃色的，在霧中最爲明顯。

那些排隊等車的男士們，都是溫文有禮，有紳士之風；女士又都端莊秀宛，有淑女之態，這和法國的浪漫洒脫，是迥然有着不同味道的。

地下車，最早是起始於英國的，它是英國最主要的交通工具，路線繁多，互相交叉往來，班次也多。但是坐過了巴黎的地下車後，才發現倫敦的地下車不如巴黎的方便。巴黎是不管你坐多遠，票價都是一樣的；而倫敦是分路途遠近而有票價的不同，站與站之間的距離亦長。車廂大都是矮矮胖胖的，倒是車廂的節次要比巴黎的多；遠看好似一條蛇在地下蜿蜒。坐位多半是長條式又舊又老的沙發，中間過道常站滿人。這點又不如巴黎兩人一排、一排的火車座似的來得整齊清爽。

地下道挖地甚深，有電梯上下，有些線竟在地底下十多層，要搭兩大段升降梯才能到達地洞深處的月台，其工程之浩大是甚為可觀的，這點也是英國人最自誇的地方。

橱窗、酒店

倫敦的商業區，在牛津街 Oxford Street，這一帶的建築都是古老而凝重的，樓高三、四層不等。一座連一座，從昏暗的街燈看去，如同一堆歷久不廢的鐵礦。

門面大都是高大的落地玻璃橱，陳列的商品，亦似博物館的分類。不過這一帶以衣飾最多，模特兒有站的，有坐的，有正在走路姿勢的，維妙維肖，看來都栩栩如生。其服飾設計之新穎，不遜於巴黎。尤其英國毛呢料，琳瑯滿目，難怪北歐、巴黎的人都在聖誕新年期間，來此大量採購，據云貨品比法國便宜三分之一。

我們在倫敦時，正值聖誕前夕，無論街道、橱窗都被佈置美輪美奐，聖誕樹處處可見，五顏六色的霓虹燈，照得人耀眼生花，無論英國的經濟如何不景氣，聖誕節仍然是不會遜色的。

橱窗內的燈光多爲紫羅蘭或豌豆花類的顏色，溫柔悅目，看來頗有神秘的氣氛。

酒店，在倫敦是相當普遍的，一如巴黎的咖啡座，似乎五步一小店，十步一大店，若干酒店的歷史，都在百年以上。爲了領略此中風光，我們也走進一家頗有情調的酒店，叫了杯大號的啤酒。這家酒店佈置如同客廳，有電視，有音響，透着一些溫暖之感。看他們一杯在手，看着電視的足球比賽，不亦樂乎！

另外有一種青年男女飲酒的酒店，大都設在地下室，只有簡單的酒吧，木桌椅幾張，他們醉翁之意不在酒，一邊喝着飲料，一邊彈着吉他，在燈紅酒綠下，又唱又跳，似乎到了忘我境地，想來披頭就是如此出身的吧！

倫敦最熱鬧的，要算是圓環四周。酒店、電影院、賭場，餐廳以及一些販賣色情書刊的書店，構成了倫敦的另一種風光。一到週末晚上，成群結隊的男男女女湧向此地，玩吃角子老虎，喝酒、看電影，聽歌劇，還有雜耍和脫衣舞表演。色情畫報更是觸目皆是，可謂酒色財氣，無所不包。五光十色的霓虹燈，一閃一爍，給這夜市更增添了神秘與魅力。在這兒，似乎尋找不出昔日英國貴婦般的矜持，世風日下，人心不古，怎不令人扼腕！

（原載大華晚報，六十六年六月二日）

二七、國會、西敏寺、倫敦塔

國會

君主立憲的國會，是英國首創的，和我們結伴來倫敦一遊的法國法學博士杜筑生君，對我和外子說：「到了倫敦如果不去參觀一下國會，總覺得有虛此一行之感」。結果在旅居倫敦多年的王家松老先生的熱心安排下，我們終於有幸參觀了這座落於泰晤士河畔的國會大廈。氣派宏偉的國會大廈，和西敏寺大教堂，以及高聳入雲的大笨鐘，構成了倫敦的心臟地區，亦是觀光客必遊之地。

做我們嚮導的是以前來過臺灣的 John Roger 議員先生的女秘書凱莎琳小姐。首先通過一座兩邊皆是油畫及石雕像的大廳。這座大廳是唯一在大戰期間未受炸燬的房子。穿過長廊，左翼是貴族院（上議院），右翼是衆議院（下議院）。我們首先參觀的是貴族院。

進入貴族院之前，是一個交誼廳，廳中有一紅絨大椅，是供英國女王出席國會時休息用的，椅上有英國皇室的徽章，代表着英國皇室的尊榮。廳的兩側是一畫廊，掛滿了英國歷代名人的畫像和雕像，頂上金碧輝煌，美不勝收，但是沒有畫像。在畫像中，有兩幅大型壁畫，一幅是描繪納爾遜將軍在艦上被打死之慘狀，一幅是滑鐵盧戰役之情景，都非常生動。

一進入上議院，正面對着我們的，是英國女王的皇座，裝飾華麗奪目，其實女王是極少參加英國國會的，皇座也只是虛位以待罷了。皇座前有一紅絨沙發椅，則專供女王休息時用。上議院內的席次，都是紅色的長條沙發，可容納三、四百位議員，他們開會時，都穿着紅色的法衣裝模作樣，議堂中央是一大桌，上置有議事法規、大憲章等；還有兩本大聖經，放在精緻的箱子內，每個箱口都有鑰匙，頗爲珍貴之意。英國人的階段觀念仍然很深，上議院雖然只是形式，卻代表着英帝國昔日的貴族，他們開會時，下議院的議員不能進來，只能在外面旁聽。沒落的貴族加上繁文縟節，能挽得住旣倒的狂瀾麼？

上、下議院間是一個圓廳，掛着三面絲織有徽的大旗，代表了組成英國三大邦。

衆議院門口有兩座銅雕立像，左邊是邱吉爾，右邊是喬治路易，宛若門神。再右側有一大排信箱，是議員和民衆接觸，廣納民意的設施，民衆可隨時將他們的意見，投入有關議員的信箱內。信箱內有信，信箱外的燈就會亮，議員助理就會迅速取出，送到議員手中，於此，可以見到英國國會對民意的尊重。

衆議院裏的陳設，和上議院裏又是不同，前者的結構如船艙，簡單樸實，其長條的皮包木沙發椅是綠色的；後者的結構，如同教堂，富麗堂皇，而皮的沙發，是紅色的。席次，都是相同的，中間是放置憲章聖經的長桌。議長亦坐於中間，這和其他國家議會呈半弧形，而議長上坐的陣式，是不同的。

衆議院內，一邊坐的是執政黨，一邊坐的是在野黨，壁壘分明，針鋒相對，座位前方地毯上却有兩條紅線，雙方儘管激烈爭執，却絕不可越雷池一步，跑到對方的座位去。兩條紅線的距離，大約是比兩支劍的長度略多一些，這是以前爲了防止雙方議員一言不合，拔劍相向的場面，今天，這種火爆場面絕不會有了，但仍維持了這種傳統，也是頗饒趣味的。

每次衆議院所討論的題目內容，都張貼在門前，讓民衆知道他們開會討論些什麼，有興趣的人，可以到二樓去旁聽。

議會裏有閉路電視設備，可以了解各小組會議開會的情形。衆議院有議員大約六百人，但平時開會不會全部出席的，議會的座位也只有四、五百而已。但一到重要的法案要表決，而正反雙方又有點相持不下的時候，議員們就會到處去找人來參加投票，以幫助法案的通過或否決，在投票開始前十分鐘左右，議會大廳裏可以看到拉票的人來往穿梭，忙亂成一團，這也是議會政治的景象之一。

從衆議院出來，右旁有一大廳，現已棄置不用，高六十九英尺，北歐式的屋頂，頗爲壯觀，廳內有紀念性的銅牌。如：喬治五世與其皇后在一九三五年的銀婚在此擧行，因此，地上就嵌有一塊紀念銅牌。兩旁壁上，是英國國王的木雕像，栩栩如生。這個大廳頗有歷史價值，據說，英王的加冕典禮和大審判等都曾在此廳舉行。一九四一年倫敦空襲大火時，此建築物也曾被波及，救火隊員集中全力搶救此一大廳，兩翼建築則被大火燒燬了。英國人的愛護傳統，於此可見一斑了。

從國會大厦出來，那建立於大厦尖塔上的大鐘，正敲出中午十二時的雄厚鐘聲，一時響徹雲霄；不但倫敦全市都能聽到，通過廣播的電波，傳遍全世界。據云二次大戰時，德國飛機猛炸倫敦，全市受到嚴重破害，惟獨該樓屹立無恙，這座直徑九呎半的大鐘已有百年以上歷史。

（原載大華晚報六十六年九月六日）

西敏寺

這是英國第一大教堂，早已聞名遐邇。進門處地上有邱吉爾的紀念碑，刻有銘文，崇功頌德，令人肅然起敬。

我們去參觀西敏寺的時候，聖誕節將屆，正好他們在練習聖樂演唱，唱的是韓德爾的名作「彌賽亞」。「彌賽亞」當年便是在此地首演的，以後爲紀念這一盛事，每五年的聖誕節的彌賽亞演唱會，便成爲傳統的節目。我們在旁欣賞了一下他們的練習，樂隊指揮是位年輕人，團員多是中年以上，樂器種類繁多，組織極爲龐大，交響樂團的後面是男童合唱團；灰色西裝，紅色領結，歌聲清純，宛如天使之音，眞是：「此聲只應天上有，人間那得幾回聞。」

西敏寺歷來是英國王室加冕、安葬等大典擧行之所。英國歷代國王名人，很多卽葬於此，且立有坐臥不同之雕像。如莎士比亞、牛頓、拜倫、白朗寧、狄更斯、韓德爾等。如僅勒石爲碑以爲紀念者，則不立像，我看到很多年輕人帶着大紙，俯在地上仔細摹拓刻在碑上的銘文，留作紀念。

寺內幽靈石像濟濟一堂，旁又有很多小屋，有小門可通，內多埋骨之石棺，英王亨利二世卽獨葬一室；亦有王與后合葬一棺，在棺外廓卽塑有二人並臥之浮雕石像，漫步諸多亡魂埋骨之所，陰森古舊之感，油然而生。

寺中各廳，還陳列了很多當年列土封侯的各城旗幟，琳瑯滿目，可以想見當年封建時代的盛況。

大教堂旁另有一小教堂，是英國王室平時私人所使用，面積雖小，佈置得仍然華麗絕倫。彩色玻璃自地到頂，和其他大教堂亦相類似。

出西敏寺邊門，通過一道長廊，至一處可參觀英國王室的歷代衣冠文物，展出的有亨利五世、亨利七世、伊麗莎白一世等蠟像，加冕時穿的衣服，戰爭的用具、權杖等。

西敏寺可以說代表了英國王室盛衰的象徵，當年的西敏寺，亦曾冠蓋雲集，而今，亦不過是大英帝國緬懷過去的陳跡罷了。

■　■　■

倫敦塔

在倫敦，幾乎不能不去看看倫敦塔，它和英國國會、西敏寺一樣，已經成了倫敦的特徵之一。

倫敦塔南臨泰晤士河，傍着可昇降活動的倫敦橋，地勢較周圍略高，是一個古老的建築，已有將近一千年的歷史了。建成以後，不久成爲囚禁政治犯的地方，曾在此地被囚禁的包括瑪利安妮皇后、湯姆士摩爾、克倫威爾……等人。古老的建築，飽經風霜的外表，掩蓋不了它的陰森和血腥，這同樣是古老英國的封建象徵。

帶我們參觀的嚮導，對倫敦塔的歷史演變，來龍去脈，如數家珍，侃侃而談。我早已不耐，遊目四望，只見塔內的衞士身穿古裝，及膝的紅邊黑呢裙，以及有紅條邊的黑呢長褲，頭戴紅邊黑呢帽，胸前繡有紅色皇徽，甚有古風。英人對於他們祖先的光榮，是極爲驕傲的，一切制度均要仿古，不願更新，以直追古人爲尚，是非利弊，他人亦不便置喙了。

從倫敦塔頂，可看見倫敦橋，廢棄的鐘樓，塔旁有一小教堂，頂爲木條舖設，古意盎然。教堂內亦爲若干囚禁於此者埋骨之所，石棺上則刻有石像，供後人憑弔。

展覽室中有英國王室的權杖、寶劍、勳章、皇室寶物等。還有一六六一年英國女王伊麗莎白一世的皇冠，上鑲大鑽石一顆，紫色絲絨的頂蓋，四周飾帶鑲着無數碎鑽，當中一粒大紅寶石，映目生光。其餘珍寶，不可勝數。

地下室中有一頂當年維多利亞女王的皇冠，相傳皇冠上的鑽石，是全世界最大的；此地警衞森嚴，安全措施極爲嚴密。英國人一般都比較嚴肅，但也有其幽默的一面，我們正在對那大鑽石指指點點的時候，旁一警衞伸手作勢，要把鑽石切下一塊相贈，大家不覺相視莞爾。

倫敦塔邊有一建築物名白塔 White Tower，建於一〇八〇年，裏面展出的有各種獵具。有一種打象的武器，鎗箭並列，是當鎗彈用完的時候，可以用箭，亦可見巧妙了。還有維多利亞時代的槍枝。還有一種捕鯨用的帶鈎的槍，可以看出英國這個島國漁業發達的情況。展品還有各類武器、盔甲、盾牌、刀劍等，地下室有各種古老的砲彈。我看到一個斷頭台，方形木塊，前後兩側各一橢圓形缺口，刀斧斜倚。還有其他的刑具，一絲涼意，心中凜然。

從倫敦塔出來，已是暮色蒼然，回顧高塔依然在陰沉的天色裏，萬家燈火迎眼襲來，我們彷彿才由中古的英國，回到現實世界裏的倫敦。

（原載大華晚報六十六年六月三十日）

二八、博物館見聞

大英博物館給我的印象極為深刻，在倫敦一週時光中，給我的收穫最大，也最令人細細回味。

我看了埃及館，有公元前三千三百年的木乃伊，人面獅身或馬身石像。大型的壁畫，描繪當時埃及人的漁獵、農耕及生活情形，和我國漢朝時出土古物內容頗為類似。在上古時候，民族雖異，文化藝術是否却有相通之處呢？

我也參觀了羅馬館，裏面包括了大部份希臘羅馬時代文物的精華。我發現到在公元一世紀到三世紀間，羅馬的繪畫已經加上了木框，在此以前，此種裝設似未曾見；我還覺得，凱撒大帝像的造型頗類似東方人，難道凱撒的祖先是來自東方的民族嗎？這些就有待考證了。很多事情細加思索，是頗具趣味的，館中還有塞浦路斯的古代文物器皿，多以土色爲底，上繪黑色圖案，色彩組合極爲典雅別緻，亦是其特色。埃及的繪畫裝飾猶具原始風味，到了希臘羅馬時代，圖畫上的人物比例和實際非常接近，著重美學的原理，這應該是美術史上的一大進展吧！細察兩者文物，覺得埃及時代的器物較爲粗拙；到了希臘羅馬時代，變得細緻精巧多了。

一進中國館，迎面牆壁，是一大幅顧愷之的女史箴卷幅眞蹟，特別用玻璃框保護着，兩側有强烈的燈光照射，心中頗有幾分震撼之感。我去參觀時，館中正舉行宋、元畫展，展品有毛詩國風畫、屈原畫像等。其他中國文物中，有毛公鼎、唐三彩等古器物。我還看到淸代繪畫中，已有描繪西洋人活動的，極强調西方人的隆鼻捲髮等特徵，畫技固不算佳，卻頗可看爲當時中西文化交流的證明呢！

我最喜愛看的，是展出的小鼻煙壺，做工精巧不在話下。壺上的精緻花鳥山水仕女等精細畫工，不是畫在壺的外側，而是畫在內壁，在外可以看到，如此不論如何把玩，都不會損及畫面，設計奇巧，使人讚嘆！還有兩個小壺並列相連，彷彿雙生，我看了激賞不已。

博物館樓下有一手稿部，裏面藏有大音樂家韓德爾寫的「彌賽亞」原譜、莎士比亞的手稿、世界上第一本手抄聖經原本、還有敦煌出土的抄本，都極爲珍貴。細看敦煌抄本的裱工，不如在法國的敦煌抄本。在國外看到中國古物受到外人重視珍藏，固與有榮焉；但想到我國文物流落異域，又不禁心中戚戚。在這一種難以言宣的情緒中，大英博物館給我一種難以磨滅的印象。

維多利亞博物館，距我們下榻的旅舍不遠。名氣雖不如大英博物館，收藏的內容却頗爲豐富，深覺不虛此行。

館內除了英國的歷代文物外，極多中國的古物，遠自仰韶、春秋時代的文物器皿，還有唐三彩，以綠色、咖啡色和白色爲主。有一幅極大的壁畫，描繪唐人騎在馬上擊球爲戲的情景，豈非今日馬球的濫觴嗎？還有一張乾隆皇帝的九龍漆雕椅，想必是八國聯軍的時候，流落到英國來的。

博物館的樓下，原是維多利亞女王的皇宮，論規模格局，都不如法國的凡爾賽宮，大概島國民族，氣度器識，總不如大陸上的民族，只從此一端，亦可概見其餘了。樓下有一室，陳列了英國歷代貴族的服飾衣著，長裙細腰，可以想見英國的當年。

最令我感到興趣的，是樂器室，裏面展出各式各樣的歷代樂器；古典的鋼琴、具有歷史價值的小提琴、還有豎琴、風琴、法國號等，種類很多，而且製造得都極爲考究。材料固是上選，裝飾圖案也頗具匠心，煞是可愛。我不禁觀看再三，不忍離去。

（原載大華晚報六十六年七月七日）

二九、牛津之行

茂得林學院

牛津城在倫敦西北約一百六十公里。早上八時許，我們從旅舍出發，乘車向倫敦郊外駛去。只見倫敦城中，房屋多是三層樓的小洋房，每屋均多窗戶，門前有小台階，屋頂上三兩烟囱，錯落有致，和巴黎所見的落地門窗，自是不同。

出了倫敦城，便是英國的郊野，放眼望去，起伏着廣濶的、厚厚的草原，儼如微波盪漾高低有緻的淺海。草原上散佈着成群的牛羊。車過之處，初時晨霧迷茫，未久，烟霧盡消，萬里無雲，冬天的驕陽，肆無忌憚的君臨着英倫的大地。路旁一叢叢的樹林，在車窗外倒退，倒像是點綴在藍空中的一堆堆綠雲。

離倫敦約三小時後，就到達了牛津城。牛津者，群牛過泰晤士河之渡口也。此城是公元九百一十二年建立的。有名的牛津大學，其實是很多學院組成的，院和院之間，各自爲政，互不干涉。據云：牛津第一家書院開創在公元一千兩百六十四年，目前共有二十五個學院，以前是不招收女生的，從一九二〇年開始，才開始收女生，現有四座女子學院。他們都實行導師制度，學術氣氛非常濃厚。

我們所看到的牛津大學，還保留着古老的建築物。飽受風雨侵蝕的灰黑色石牆上，遍佈着綠色的蔓藤，望去，只見重重的高塔和鐘樓，古木參天的林蔭道，處處都透着古樸之風。我們首先參觀的是茂得林學院（Magdalen College）這是一個四合院式的建築物；一穿過古老剝落的門牆，映入眼簾的是一個古老的鐘樓，塔尖高聳入雲，四合院中間是一大片綠得惹眼的大草坪，草坪四周圍繞着拱形的長廊。此時正當聖誕假日，周遭寂靜無聲，只有我們這群過客的脚步聲，響徹在長廊裏。

每幢樓的上側，都有每個學院的標記徽章。繞過長廊，我們去參觀學生的餐廳，一扇一扇上圓下方的木門，頗有我國古代建築的風味。飯廳內部陳設的是一長條一長條古拙的木桌木椅，頂上懸着古色古香的吊燈，壁上掛着古老的油畫，幾疑身在中世紀的英倫。此外，也有沙龍，可供學生消遣閑談。就在這些不起眼的古老建築陳設裏，牛津孕育出不少英國歷史上的將相名臣、文人墨客。

大學聖堂

每一個學院，都有一個屬於自己的聖堂。

幽靜的聖堂內部，有五顏六色、光采奪目的鑲嵌彩色玻璃。據說，這種鑲嵌彩色玻璃，在一八九〇年以後，就沒有了，因此，就格外顯得珍貴。

聖堂的建築式樣，是羅馬式和法國式的混合，頗具古風。除了正門以外，另有一小門；據管理人告訴我們說，這是當年英國女王出入用的，可惜他沒有說明是那一個女王？其中尙有一段佳話：當年女王愛上了那位寫「愛麗絲夢遊仙境」的大作家路易絲卡路。他們常在此幽會，他每寫一本書，就送女王一本，甚至於寫了一本「數學」送給她。

聖堂周圍牆上，有很多石刻的浮雕頭像，地上是橫一塊豎一塊的紀念石碑，據說是紀念克倫威爾戰爭時的死者而設立的，聖堂曾經一度重建，我不禁懷疑，在這些紀念石碑下，是否仍是原來的亡魂呢？

聖堂內還有很多古木造成的長排桌椅，上面放置着燭型的長燈，還有一本本厚厚的聖經；聖堂前方，有幽香的百合花，供奉着一大本羊皮封面的册頁，裏面是手寫的筆跡，記載着二次大戰時死亡教友或校友的姓名，紀念他們爲國捐軀。因爲時日的久遠，册頁上的筆跡已是明暗不同了。

走出聖堂，可以看到茂得林學院的教授宿舍，茂得林學院的經濟、建築……等科系著名於世。教授的宿舍是一幢幢精緻的小洋房，點綴在古舊的學院建築之間，頗有出塵之感。不禁使我想起很久以前的一部電影「春風化雨」，也許就是取景於此的吧！

林木集 Woodstock

中午，我們抵達一個小鎮「林木集」，車子緩緩駛入一條石板小巷中，到了盡頭，有一座凱旋門式的建築，再裏面是一大片樹林和一座皇宮式的大殿，還有一池浮着幾隻天鵝的湖。四周疏林秀木，倒映湖面，眞是如詩如畫。此處原是上林獵苑，據說這座園子建造的時間，大致相當於我國有清一季修建圓明園的時候，而且還說以前英女王伊麗莎白一世曾被囚禁於此園內，如此說來，也是頗具歷史價值的了。

此鎭雖不大，却很有名氣，此地是英國一代偉人邱吉爾的出生之地和埋骨之所。邱吉爾拒絕入葬倫敦西敏寺，而寧願葬身其誕生之處，他在回憶錄中曾提起過：「我在林木集，曾完成了兩件大事：那就是我的出生和娶妻，那是我生平最驕傲的兩件事。」於此，略可窺見邱吉爾的自豪之情哩！此外，這個林木集小鎭也是英格蘭的地理中心，鎮中還有英王亨利街，莎士比亞劇院，和莎翁妻子安妮大禮拜堂，每年吸引了不少的遊客。

中午十二時許，我們離開了這個邱吉爾誕生地的小鎮，由聖瑪格利時街往東北行，一路所見，仍是大片大片的起伏的草原和零落成群的牛羊，途中，我們還曾在一所巫婆的小茅屋內略作停留。此時已是冬天，地上殘留着一層薄霜，寂靜的鄉間，深幽的景味，除了房屋型式不同以外，其他和巴黎鄉間，似無二致。

莎翁故居

斯特塔福（Stratford）是個很小的小鎮，却是莎士比亞的誕生之地。這個小鎮，在莎翁時代，只有兩千人，繞着鎮的周圍走一圈，只要二十多分鐘就够了。今天，全鎮也不過兩萬人左右，鎮上的房屋，大致仍保留着中世紀的風味，一樣的波光河影，散發着中古的幽香，但是因爲他是莎士比亞的誕生之地，也就成爲全世界遊客必定一遊的「聖地」，小鎮中，竟然也有一所希爾頓飯店。

鎭中心有一座莎翁的銅像和一座博物館，我們抵達以後，先在莎翁故居附近一家有三星標記的白天鵝飯店進餐。一齊吃飯的還有來自澳洲，美國和馬來西亞等地的遊客，大家相聚一堂，也算是萍水相逢了。這家飯店很古老，又低又矮，好些小壁爐，在木造的板壁間，顯得樸拙而溫暖。家庭式的陳設，眞令人有賓至如歸之感！

下午我們參觀莎翁的故居。莎翁的這所故居，是什麼時候建造的，已經不可考了，但從它的陳設式樣看來，大約是十五世紀末葉或十六世紀初年左右。屋子的窗櫺是菱形的斜方木格，頗爲別緻可愛。這座莎翁故居在公元一八四七年曾付祝融，以後又照原來的式樣重建，一切仍照舊觀。屋子雖然重建，在二樓却保留着一塊原來房子燒毁後的殘垣斷壁，還特別用玻璃保護着，以供遊客憑弔。書房中有一本當年他出版的第一本書；還有一本供遊客簽名的大簿子。以前，有很多遊客都在傢具牆壁上留下到此一遊的筆跡，後來就設簿子以待遊客了。想來，簽名留念之風，是各國皆然的。我和我那研究中國戲劇的外子，也在這西方的戲劇泰斗的簽名紀念簿上，留下了自己的名字。

樓下起居室旁是廚房，陳設一應如舊，火爐前有一根防止兒童玩火的鐵桿，可以想見莎翁兒時居住的情景。從廚房後門出來，是一個小巧的花園，花木扶疏，當年莎翁在此盤桓漫步，想也得到不少靈感吧！

莎翁故居的房子和斯特塔福鎮上的其他房子，幾乎沒有什麼兩樣，現在已闢爲紀念莎翁的博物館。建造房子的木料以及其他的建築村料，都是就近取材的。建造這所房子的木料，便是來自斯特塔福鎭附近的雅登森林。莎翁的不朽巨著「皆大歡喜」（As you like it），就以此一森林爲背景。在莎翁故居緬懷此一世界性的文豪，不禁低徊再三。

再往前行不遠，便是莎翁妻子安妮的故鄉，茅草頂的房子。白色的粉牆，一派英國鄉間風味。給我們作說明的，是一個滿頭白髮、皺紋滿面的老頭，低沉的聲音、緩慢的語調、典型的英國式牛津腔英語，令人領略到眞正的英國味！

克維屈諾大教堂 Coventry Cathederal

克維屈諾大教堂是牛津行的最後一站；這座教堂歷史悠久，遠在中古時代就已建立，而且頗具歷史價值，事涉考據，也就不多贅言了。在一九四〇年十一月十四日，一個星期四的晚上，這座教堂毀於二次大戰的一次大規模空襲中，教堂的木頭屋頂，厚橡木天花板等，片木不存。以後，就在廢墟旁，重建了目前這座教堂。

我們所看到這座教堂，是一位德國青年建築師設計的，除了新建的教堂以外，原有教堂被炸毀後的若干殘留物，如被燒焦的黑木頭就吊掛在教堂中，也成了新教堂的裝飾品，新舊交融，睹物思情，頗見巧思。

重建教堂開始時，遠近各地都捐贈紀念品和宗教用的器物，有由中國桂林送來的手雕聖爵；有美國青年送來紀念亡友的——用舊車所雕的塑像；有一少女送來的膜拜天主的半身像，無所不包。克維屈諾天主堂在被炸毀後的五週年紀念日，也就是公元一九四五年十一月十四日重建完成，因爲它受到全世界各地區各教派的支持，目前已成了一個國際和諧的象徵，也是宗教合一運動的中心。

一進教堂，是個大十字架，周圍是焦黑的鐵絲，那原是舊教堂的遺留物。空虛的教堂內部，宗教之念油然而生。造物主的神奇，彷彿是無所不在的。

從教堂內部，可以看到正面一壁玻璃上塑有各種聖像，映對藍天，彷彿一個個人物都飛昇上天國一般，自然使人的心靈也跟着一起昇華，但在教堂外面却看不到如此巧妙的設計，從教堂外面看是一片灰色。

教堂兩側的彩色玻璃，自地到頂，旁邊鑲着小碎花，圖案四週是紅色、藍色，中間却是黃色，據云黃色代表了天主。紅、藍、黃三色相映。美得幾乎不能用文字來形容，只有親身去體會了。

（原載大華晚報六十六年六月十六日）

三〇、劍橋一日

還記得那天，是英國冬天難得的好天氣，晴空萬里，澄藍如洗。我們乘坐十點鐘的火車，離開倫敦，約八十分鐘，就到了劍橋。（Cambrige）一出車站，就看到「正宗京園飯店」的大招牌，此中國飯店在當地已是大大有名，老闆毛勤昌先生正是我們的摯友；承他好意，驅車帶我們盤桓了一日，領會一些劍橋的風光。

劍橋只是個小鎭，多的是兩三層樓的古老花園小洋房，靜靜的立在特有的英國藍天裏，說也奇怪，卻令人覺得就像被圍在濃濃郁郁的學術氣氛裏。

劍橋大學有很多學院，但彼此是互不相屬的，每個學院也有很多系。不同的學院有不同的學風，學生可以任意到各學院去選課的，共同科目多半是集中在一起上的。學院並非像我們所分的有什麼文學院、理學院的。他們所謂的學院，是包括生活起居的，是包括了不同學系的學生的。上課不是固定在一處的，學生是流動性的。

想進劍橋大學並不容易，他們要求得很嚴格，倒不一定要什麼畢業文憑，只要你通過由國家舉行的全國統一會考就行。最重要的是學生有才能，有創見，是個可造之材，達到一定的標準。

進研究院則較爲簡單，只要有教授肯接受你做他的學生，肯指導你的論文，你就可以算得上劍橋的學生了。既然是要教授肯收你才能來，你自然就是教授的學生，這位教授就是你的導師。三五個或七八個學生一位導師，倒不一定規規矩矩上課，導師是指只點你去看各種各類的書，查各種各類的資料。做康橋的教授是不容易的，在他開書單給學生時，就知道他對當時的學術的行情知道多少。一但開出了參考書後，他就會定期的約見你，名之爲喝茶，實際上就是討論一下你讀書後的心得或提出的報告。要是看了書而又沒有什麼心得或報告提出，或是學生在約定的時間未到，幾次一來，你就無法再混下去了。這就是「自然的淘汰」吧。教授的權威是很崇高的，當然他本身必須有相當的學術地位的；譬如某教授上課叫座，或時有論文發表而被公認有創見或學術價值時，各學院都是爭相聘請的。這也許就是劍橋之所以爲劍橋吧！

劍橋的經費大多是靠私人捐助，貴族富豪經常捐出巨款，隨自己的意，設立一個學院。據云最近就有一位跑馬富翁就捐出十萬萬英鎊，擬建一個命名爲羅賓遜的學院。

學院是散佈在康橋鎭上的，有的相距甚遠，有的則爲緊鄰。有的中間隔了小街，兩旁有些店舖。我去王家學院時，曾經過一家書店，裏面藏書甚豐，樓上樓下堆滿了書，簡直是座「書城」，大部份是劍橋大學出版的，印刷精美無比。也有部份中文書籍，我買了英譯的老子道德經及莊子。

王家學院裏，最有名的是它的大教堂，這是全英國第二大的教堂（最大的是位於倫敦的西敏寺教堂），是公元一四四一年英王亨利六世時建立的。平時可容納兩千人，聖誕節的禮拜遠近的人都湧到這裏來，站得裏外都是人，這個教堂的唱詩班更是聞名遐邇，聖誕節時，還由電視轉播到歐洲各地哩！

教堂裏最耀目的，是那自地到頂圓拱形的彩色玻璃窗，天花板上是細緻如梳、整齊如髮的刻紋，散成數十片竹葉般，洒下來垂罩於石柱頂上，氣派雄偉，神爲之奪。教堂已經很古老了，細察其結構裝飾，和我國古時廟宇的味道略似。東西方距離雖遠，敬神畏天之意想來是差不多的。

從王家學院過去不遠，是三一學院，進門處有一座牛頓的大理石立雕像，神采凛然。當年牛頓做學問的研究室窗外的小庭院，種植了一棵小蘋菓樹；是從牛頓故居，當年他所坐的那棵老蘋菓樹，接枝移種過來的。其下方豎一牌子，牛頓和蘋菓已成了三一學院的標誌。聖約翰學院有一座聖約翰大教堂，教堂外是一大片四季長青的草地，草地旁有一木橋，橫過一彎清淺，不禁爲之神往。

穿越劍橋中央的，就是劍河（康河）。劍河是一脈秀麗的水，傍着兩岸的垂柳，悄悄靜靜的流着。要說劍橋的精髓靈性，怕就在這一條劍河上了。河上一側全是古老的建築，如王家學院、三一學院、克萊亞學院等，河的另一側，則是新的建築物，如經濟學院、亞洲學院等。河上一座一座的橋，串連起一幢一幢的學院和一片一片的草坪。其中印象最深刻的是：一座曾經利用支點或杆桿原理而搭成的木橋，不須用一根鐵釘，而成一個虹形的木橋。後來橋老腐壞，拆了又重新建造。因爲計算錯誤，只得用鐵釘把木條一塊塊拚成原來的模樣。可見今人不如古人的地方甚多，這座橋通往一座皇后學院。

我們來時，正值冬日，河畔柳絲略衰，水多野鴨，可惜不能在河中泛舟，要不然又是一番情趣了。我和外子曾在克萊亞學院前的石橋頭，留下一影——手執書本，故作讀書狀，過一下在劍橋「讀書」的癮！我臨行前，還要了幾份申請書，但願異日能負笈劍橋，一償吾願！

我們還參觀了劍橋博物館，該館收藏了不少名畫珍玩；但不論大小博物館，總少不了中國的古物器皿，這眞是值得我引以爲傲的。

同樣是不朽的教堂高塔，同樣是古典的學院建築，同樣是寬濶嫩綠的草坪，牛津和劍橋是如此的相似。但最大的不同，恐怕是劍河的一水中分吧！體會的不同，全在劍橋多了一條劍河。英國女王曾說過：「我不喜歡牛津，我受不了牛津的暮氣沉沉、裝腔作態，我比較喜歡劍橋，因為那有一條清新的劍河。」

在劍橋整整消磨了一日，折一枝劍河水湄的柳絲，能繫得住我的別情麼？這劍橋一日，給我留下了最美麗的回憶。毛勤昌先生在百忙之中，陪了我們整整一天，在此，特予由衷地感謝！

（原載華大晚報六十六年六月二十三日）

附錄：花都瑣記

（選錄自由報副刊六十五年八月廿七日至六十六年四月八日）

一、神秘的微笑

每一個去參觀羅浮宮的人，一進門，就會問：「蒙娜麗莎的微笑，在那兒？」

當然，我也不例外，在一個國際畫廊裡，我終於爭睹了這幅聞名藝壇的油畫。

它不像其他的作品是掛在牆上；而是很特別地嵌在壁中的，外面被一個玻璃框保護着。又怕强烈光線損壞了畫面，因此，它陳列的地方也特別陰暗。

這幅家喻戶曉的名畫，每天不知道吸引了多少觀衆。我曾去過兩次，兩次都是擠得水洩不通，也許是星期日免費進場之故吧！由於這幅畫的觀衆最多，在五尺之外，特別用繩索圍着，兩邊還有警衞監視着，不許遊客靠近畫像，也不准用鎂光燈攝影。雖然如此，還是有人照攝不誤，只因它是眞跡！

面對油畫的觀衆，議論紛紛，有的說：沒有想像中的好；有的說畫太小了，也有的人問：「她究竟好在那裡？」「她的笑神秘嗎？」有位朋友說：「當作者達文西畫她時，她正懷孕，因此，有種要做母親的喜悅，發自內心的微笑。她的嘴角牽動着，如同水波，隱隱可見。」說這話似乎是沒什麼根據的。

導遊先生說：「這幅畫是達文西最得意的作品之一，他花了三年時間才完成，畫中的婦女，是翡冷翠某上流市民的妻子，當時只有二十四歲。作者爲了討模特兒的歡心，在作畫時，特請了樂師奏樂給她聽，且不時講笑話令她高興；眞是費盡心血。後來這幅畫收藏在羅浮宮，於一九一一年時，一度失踪，結果花了兩年時間，才把它從義大利找回。因此，轟動一時，更增加了畫的身價。」

當然，一幅畫的成名，的確有其突出的地方；不僅是她那神秘的微笑，還有那豐滿的，光滑的，迷人的右手，輕輕地搭在左手上，就這部份，就稱得上藝術瑰寶了。

肖像的後面，是霧般的山嵐，詩般的流水，使得蒙娜麗莎更爲突出。

這熟悉的畫面，以往只在教科書上、畫册上、畫片上瞧到。如今，一旦面對眞跡，眞是令人神馳——這也算我旅居巴黎期間，値得驕傲的事情之一吧？

二、鐘聲依舊

只要你走到塞納河邊，聖母院附近，你會聽到那每隔一小時響一次的鐘聲，它隨時向你報告時辰。不知誰說過：「聖母院悅耳的鐘聲，是塞納河的靈魂。」的確也是，不論世事多大變化，不論刮風下雨，它總是按時地傳出那由幾個鐘交響出來的音樂。這種特殊的音樂鐘聲，恐怕只有在巴黎的人，有此耳福。

聽到這種鐘聲，就會想到「鐘樓怪人」這部片子，那雨果筆下的駝背怪人彷佛可見。這駝子的名字，我忘了。記憶中他面孔醜陋，但身體强健如牛，動作敏捷而勇敢。憑着他的體力、技術和經驗，敲出來的鐘聲，眞是響徹雲霄，協調而悅耳。這和騎馬術是一樣的：有經驗的騎了服服貼貼，得心應手，而臨時借用的，便會暴跳如雷。同樣地，鐘樓的鐘，只有駝子敲得好聽。他因忠於職守，不惜爲「敲鐘而變成聾子」。但他的忠厚、善良、智慧，永傳後世，更使得鐘樓不朽。如今，鐘聲依舊，但在這世上，像駝子那樣的人物恐怕再也不會出現了；因爲機器代替了人工。

在「秋殺」的季節，在向晚的時分，這鐘聲，令人有無限的感嘆：「時光在每隔一小時的鐘聲中逝去，人生匆匆如斯。」

三、食在法國

一次，在法院門前，遇到一位熱情的法國老紳士。外子正在替我拍照；老紳士在向和我們同行的中國友人耳語：

「我能不能請你和你的朋友們喝咖啡？」

朋友過來徵求意見後，我們欣然坐上老人的車，開到市府旁的露天咖啡座。作了一次有趣的聊天，話題是「吃」。

「你喜不喜歡中國菜？」朋友問。

「中國菜味道不錯，不過，每次去中國餐館，總有吃不飽的感覺，往往叫了盤鷄，結果只薄薄幾塊，兩下子就沒了。」接着他又滔滔不絕，大談其「吃」的哲學。

「我們西方人，食量很大，一次可以吃半隻鷄或一大塊牛排。不像你們把一塊牛排切成絲炒青辣椒，可以供三四個人吃。我們一上來，就是每人一尾魚；而你們東方人，却是好幾個人共享一尾魚。」

「你們這種吃法，大概就是造成個人主義，各自爲政的原因吧？而中國人的吃法，正是充滿『共享』人情味的地方。中國菜的質不够，但樣數甚多，你到朋友家吃飯，一道道送上來，如果每盤掃光，最後一定彎不下腰。」

朋友不甘示弱，開玩笑說。

老人笑了：

「這大概就是中西文化不同的地方吧？」

的確也是，西方社會什麼都分得一淸二楚。常見咖啡館內或自助餐廳內，三明治、漢堡，一份份地堆在那兒，各人自取、自吃，誰也管不着誰。份量相當多；尤其漢堡，中國人二個人可以分一個。法國人很少管別人，三五好友上館子，或坐咖啡，絕沒有搶着替人付賬的事。

法國人似乎都是「肉食者」。牛肉舖、馬肉舖、豬肉舖，滿街可見；其中馬肉舖門口，特別掛有馬頭的標誌。據說馬肉相當補，冬天吃了活血。還有小牛肝，營養價值特別高。法國小孩特別結實，就是吃牛肝之故。豬肉、牛肉，大都是整塊用細繩捆好，洒上香料，調味，烤得半熟，然後大片大片切下來吃；除了麵包，肉類是他們主食，平均五六人可吃兩斤肉。法國一天所需肉量，是可想而知了。拉丁區有許多烤乳豬店，用叉或用手抓來吃。意大利的「比薩」，類似中國北方烙餅和菜合兒，好大一張，裡面堆了許多餡，諸如碎肉、蕃茄醬等等……

也算是大塊文章。

西方人的烹調，不外乎烤、煎、煮。毫無中國刀、鏟、鍋、火候的功夫。但是法國人算得上「美食者」，在調味方面，已接近中國口味，懂得用蒜、葱。難怪法國菜在歐美稱得上一流的；大都是紅燒牛肉。

四、鮮美無比的烤蝸牛

某天，朋友鄭重其事地請我們到道地的法國館子，專吃「蝸牛」。當時，眞把我涼了半截：「什麼不好請，請吃蝸牛？」一想到臺北娘家院子滿地蝸牛，髒兮兮、黏達達的，就已倒了胃口。

結果，蠻不是這回事；侍者捧着個大銀盤，走了過來。還沒到桌，就已異香撲鼻。

盤內約有半打如酒杯大小的瓷缶。原來蝸牛肉已從殼中取出，作過一番衞生處理後，裝在一個小小的瓷缶中。調以蒜泥、黃油、酒、以及特別香料後，才送進烤箱。如果外子不告訴我，我簡直不敢相信這裡面裝的是蝸牛肉。

吃蝸牛，是有特別的餐具的，特別的盤、缶、以及小巧的叉子。

外子從罐中叉出一塊，要我嚐嚐。結果吃了一塊，還想吃；不一會，面前的一盤，一掃而光。外子低聲說：「這是法國名菜之一，價錢很貴，慢慢品嚐才對。」

實在太美味了，烏魚子醬也是法國名菜之一；比較起來，還是蝸牛適合我們中國人口味，因爲這道菜的調味品與中國的相仿。

由於價錢昂貴，就是留在罐中的汁，也要用麵包蘸來吃，再啜口紅酒，眞是別具風味。

後來又在一位法國友人家吃了一頓，比館子的還考究，是朋友親自烹調的。蝸牛肉不是盛在小罐內，而是盛在如燒賣大小的「麵餅窩」內。麵餅又油又酥，烤了之後，蝸牛的鮮味，全滲在外殼了，其香，那是可想而知。——至今還懷念不已。

聽說蝸牛的吃法，有好多種，也有把蝸牛肉取出處理、調味後，再又放進乾淨的螺旋殼內，以恢復其原狀。從這點看來，法國人吃的藝術，功夫，不亞於中國。

前陣子，報上說把國內的蝸牛銷到法國，這是個爭取外滙的路子。但是，在出口前，必須嚴格檢驗才行，不能遭到退貨。

據云，法國的蝸牛，是特別培養的，精緻的像我們澎湖的海螺。每一個都是合乎衛生標準，否則不准上桌的。就是因爲經過特別處理，所以價格也相當不便宜！

五、紅酒、乳酪、麵包

有句話：「到法國，如果不懂得吃紅酒、麵包、乳酪，那就不能算是到過法國。」

初到法國時，印像最深刻的就是無論大小商店，都堆滿了各種不同牌子的紅葡萄酒（紅酒），約合臺幣二、三十元一瓶，價廉物美。這是法國人每天不可少的飲料，比喝水還普遍。（巴黎地下水含鈣太多，不適作飲用。）另外有種礦泉水，對腸胃好，但價錢不便宜，人們寧可以紅酒代替礦泉水。凡是從商店出來的人，似乎是人手一瓶，甚至兩瓶。

喝法國紅酒，的確是種享受，不但色澤美，而且味道濃郁；喝到嘴裡，芬芳滿口，有的微酸帶澀，葡萄味尚在。

初來巴黎，總看到一些從麵包店出來的人，手臂夾着一兩條尺長的，叫巴蓋（Baguet）的玩意，邊走邊啃起來，好生奇怪，後來才知道這就是法國的香脆麵包。這是法國的特產。（聽說國內頂好超級市場、福利麵包公司也有仿製）。

法國人把中國筷子也叫巴蓋，可見其長與硬，實際上，只是外殼硬，裏面是軟的；尤其那種稍胖叫班（Band）的，裏面也十分香軟。有的人專剝外殼吃，又香又脆，有點像中國北方的烙餅。因此，在法國的中國北方人，有口福了。這種麵包大街小巷都有售，一根根豎在架子上，下半截用白紙裹着。這是法國人的主食，若逢饑腸轆轆時，啃一兩口，就解決了民生問題。

提到法國麵包，就會聯想到法國數百種不同味道的乳酪，這是啃麵包的最佳佐料。就如同我們喝稀飯少不了豆腐乳一樣。法國乳酪名目繁多，各式各樣的包裝，長的、方的、圓的、堆積在冷凍橱內，五顏六色，非常美觀。有大人吃的，有小孩吃的；有的是臭聞數里，有的淡然寡味的。但愈道地的法國佬，越愛吃那種霉得發臭，黏得像强力膠似的福爾馬基（Formage）。

我因爲不習慣其怪味，每次買小孩吃的一種，特別是招牌上有個會笑的牛頭，味道尚能適應。

其實，懂得吃的人，是要吃味道的，但實在無法形容其臭得過癮的「臭」是如何？

他們喜歡把麵包割下一小塊，塗以乳酪，送到口中，再啜上一口紅酒，也就如同金聖歎所喜歡的豆腐干夾花生米，是異物同味。

倒酒，也是門學問。有次，參加宴會，主人開瓶後，先替自己倒，好生奇怪，一問之下，原來是酒瓶的軟木塞在開瓶時，會有碎木屑掉到酒裏，如果倒給客人，是不禮貌的。由此可見，法國人是「克己復禮」的；而且倒滿時，把瓶口順勢一轉，使餘瀝不致落下。

六、國家圖書館手稿部

在巴黎，無論是博物館，圖書館，多少總珍藏了一些中國的古代文物及書籍；而且保管之好，恐怕是全世界首屈一指的。

足證中國文化是深受西方人士重視的。

某次，由一位老巴黎——吳先生的介紹下，參觀了國家圖書館東方部門的手稿部書庫。

管理員帶我們穿過一個像防空洞似的長廊，再走進電梯，上了幾層就到了書庫，每隔三公尺左右就是一排角鋼書架。一節節看過去，中國書籍眞是不少。書册是依購入的先後次序排列的，而書目是用的拼音式。

一直走到末端，才看到法國名漢學家伯希和收來的敦煌寶藏，目前卷子已編了三千多個，是用特製的長方型硬紙盒裝着。每六卷一盒，一盒盒整整齊齊地放在架上。盒子的一面是活的，掀開蓋子，就露出六個小格，每格横放一卷。卷的兩頭是小木軸，外面裹着紅卡紙，中間則用茶色絲帶捆紮着。

管理員特別展開幾卷給我們看；卷面都用半透明的絹裱過以免損壞。如是零片的絹畫，則用透明的塑膠板把畫封在裏面，一張張放在紙盒內，保管得非常好，特別是注意保持空氣乾燥，全部空氣調節，以免蟲蛀或發霉。

面對古人眞跡，眞是令人神馳；但又不勝感嘆，感嘆幾千卷唐人手寫的中華國寶，却流落在異邦。

令人不敢置信的是：絹畫上的顏色，經過一千多年仍保持了原來的色澤，就憑這一點，足以我們的祖宗爲傲了！

無論字、畫似乎都以佛、道教的經文故事爲主，也看到蝴蝶裝的明版道藏，泥金字的貝葉式藏文經典，盈篋滿架，由這些看來，佛、道教在中國古代的社會，的確佔了很重要的份量的。

因爲有這麼多第一手有關佛老資料，難怪法國的漢學們大都從事這方面的研究。據云某漢學家窮其畢生之力，在研究抱朴子；在研究道藏；而國內的一些學者又只在正統的孔孟儒家的園地耕耘播種，瞻仰堯舜，但對於中國平民社會的三教九流，似乎不屑一顧。

無怪乎，法國的漢學家和中國的學者在一起討論問題時，總有格格不入之感，導致了中、西漢學不得溝通原因。

七、凱旋門的故事

從羅浮宮出來，經過杜伊麗花園，再穿過協和廣場。放眼望去，就是世界有名的香舍里榭大道。由此朝西，地勢漸高的大道盡頭，盤踞着雄偉的建築，它就是雨果筆下：「一堆巨石，一片光榮。」的凱旋門。它看去好似懸在半空，近在咫尺。其實，步行約一小時才能到達。

數不清有多少次，我和外子沿着香舍里榭的行人道，安步當車，走向凱旋門，瞻仰着這座法國的光榮紀念碑。也因此，每每想到在一八四〇年，拿破崙，這不可一世的英雄，他的遺體，默默地從聖海侖島被載回，回到「他所深愛的法國人民及塞納河邊。」那些殘弱的老勇士們，拖着砲車上的靈柩，緩緩通過拱門。當時十萬羣衆，夾道守候在大道兩旁，其情其景，是個多麼感人的場面？

這座門是一八〇六年拿破崙征服全歐時，下令建來紀功的。可惜，門沒完成，他就去世了。

傳說，每當拿破崙忌辰那天，夕陽西下，一輪紅日，便不偏不倚，剛好落在門拱中央。

龐大的建築物，前前後後都是裝飾着有關戰史的浮雕羣像：包括了「進軍」、「凱旋」、「抵抗」、「和平」等，都是描寫打敗俄奧聯軍及阿布契海戰的凱旋事跡。

其中「進軍」又名「一七九二年的出發」，是出自盧德的手筆，堪稱傑作。

西元一八八五年，大文豪雨果的遺體也在拱門下度過一夜之後，才在八十萬市民的尾隨中，移往國葬院（名人墓）。

第一次世界大戰停戰時，各國的盟軍，也曾列隊莊嚴地通過此門。

門拱下面，是一個長明聖火，是紀念一九二〇年在大戰中陣亡的無名英雄。一個長方型的銅碑，平平地嵌在地上，上面鏤刻許多紀念文字。聖火的四週，鮮花不斷，陪伴着地下的英靈。

在黃昏的時候，常常可以看到一些退伍軍人團團員，來此擧行獻花、燃火儀式。他們擧着當年馳騁沙場的殘破軍旗，列隊行禮，有滿面紅光，大腹便便的；有眇目缺肢作戰負傷的。也有女的，佩着勳章，穿着制服。那怕一年就那麼幾分鐘的儀式，但他們決不放棄。

此擧，一方面是紀念他們戰死疆域的老友。一方面也向子孫們提示，不要忘記保國衞土的責任，那是國民的榮譽！

八、古董市場

巴黎的北郊，有個龐大的舊物集散地；實際上就是古董市場（又叫跳蚤市場）。這樣的市場有三個，以北邊的爲最大。

我在旅居巴黎期間，曾由一位執敎於巴黎大學的敎授施博爾（Schipper）博士，陪同我們趨車前往參觀。

這個古董市場，東西相當多，眞是五花八門，無所不有。由於時間所限，不能細細玩味，只有跟在教授後面，走馬看花似地跑了一個下午。其店舖之多，是可想而知。

這一區的房子，都是又破又舊的。樓下是店面，樓上是住家。由於店面不大，似乎家家都在廊簷邊加蓋了棚子，店裡擺不下的舊貨，都堆到棚子下面，甚至伸展至人行道上。

由於那天天雨，顧客並不太多。據說平日熙熙攘攘的都是人，其中也有專為收買古董及舊貨而來的觀光客。

舊貨種類之多，不勝枚舉，小自鈕扣別針，大至床舖、酒櫃等，年代愈久，愈值錢。其中最多的是：珠寶、花瓶、餐具、衣飾、傢具以及吊燈等等……還有軍人用過的盔甲刀劍等。這些東西，大都是商人特地到貴族家中或是烈士遺眷處收集來的。從櫥櫃中陳列的勳章、刀劍等來看，英雄在法國人心目中的份量是很重的。

令人引以為奇的是：一個又醜又髒的洋娃娃，排在壁上，其標價之高，令人咋舌：「這有什麼了不起呢？好像從垃圾箱內撿出來的，送我都不要！」我自語着。

後來問了店東後，才知道這布娃娃的歷史；她曾經是某王妃小時候的玩偶，法國人着迷於古玩，由此可見。

有一家店是專收破桌椅的，在一家店門口，看到一張缺了脚的靠背籐木椅，以為是被抛棄的。細瞧，上面居然有張紙條：「不准靠近」，才知道這也是「待價而沽」的。聽說是在一座古老的教堂內收來的，這是張望彌撒時的座椅，不知是和那位教皇有關！

舊式的長桌、長板櫈、碗橱等也很多（類似我國鄉間用的），已經被使用得又光又亮，但都已在百年以上，木料仍是堅固耐用，而有着原始味。

其他諸如海盜船上的水桶、黑奴的脚鐐，也是引起人們好奇的。舊書店的舊書也是堆積如山，店東閒着沒事，就把那些書的書皮，擦得又亮又光，有的書皮實在太舊，就換了新的。但裡面却保持原來面目，愈黃，愈舊，愈有書香味。如果花時間去找，說不定也可以找到中國的線裝書哩！

最令人費解的是：一個店舖內，掛滿了一排排舊得發黃的白襯裙，拖到地的，都是十九世紀時，貴婦們着的。眞是令人望而却步，心寒膽戰。眞懷疑他們買回去做什麼？心想，我國人迷信，絕不會把死人穿過的衣服買去穿的。

不知何故，所有的古董，看來看去還是中國的，最耐人玩味，無論是玉的首飾，瓷的花瓶，都是稱得上「藝術的瑰寶。」尤其是瓷器上面的圖案，變化多端，色澤奪人。法國的瓷器算得上「精緻」，但比起中國的，還是自嘆莫如，難怪法國有錢的人家，都以擁有中國瓷器爲傲！

中國字畫也不少。一定是英、法聯軍時，從中國搶去的。面對祖先的墨跡，唉！眞是令人神傷。可惜法國人的藝術眼光和我們不同。我們欣賞的東西，標價並不太貴，那些不屑一顧的，却標了高價，眞令人啼笑皆非。

有位朋友專跑古董店，他對中國的字畫、瓷器特別有鑑別能力，往往以低廉的代價，買得名貴的東西。

倒是平劇裡用的大鑼、大鼓，却放在門口顯眼地方，招徠客人，且標以高價。

有一個中國看風水用的古老羅盤，被陳列在一家玻璃橱內標價一千法郎，大約是滿淸時由南洋傳去的。

一個大的銅鼎，破舊不堪，從土中挖出來的，註明是商朝的，但沒有根據。

有一間用竹子搭的店舖，中國風格，門口掛有「中國」兩字；引起我的好奇，以爲其中有許多字畫古物；結果大失所望，裡面掛的全是長袍馬褂，以及平劇的劇裝，諸如龍袍、宮衣、便裙、雲肩等，都分開掛着，間夾着些棉襖、褶褲之類，眞是不倫不類。外行的人，說不定把棉襖買去當唱平劇穿的。

前年流行露背裝，結果中國式的繡花「肚兜」，爭購一空，她們不知何物，覺得好看又流行，就穿了上街。

舊衣以淸朝最多，都是上好的緞子、湘繡、織錦等，有的領子上一層油垢；有的袖腕已磨花。

我眞懷疑這些舊衣的來源；難道是共匪挖墳所得嗎？然後廉售給法國商人，商人再又當古董以高價出售？一件金繡的龍袍竟索價二千法郎以上（約臺幣兩萬元）。

還有那臺灣人拜拜時，廟裡掛的紅匾，如玉帝廟等……以及歌仔戲的道具，布袋戲的木偶，在此都以高價出售，這些玩意都似曾相識，不同的是：他們的身價和國內相比，眞是有登天入地之別。

由此看來，我們廉價流出去的民俗藝術品，似乎都變成了人家的寶物。

九、吉美博物館

吉美（Musee Guimet）博物館珍藏遠東的宗教文物美術最多。該館位於塞納河北岸，靠近法蘭西東方圖書館。門面不大，但是入內却是廣厦高堂，屋頂牆間，佈滿各式雕像裝飾。甬道設有玻璃橱櫃，陳列着印刷精美的各種書籍畫册等，都是介紹館內的字畫文物的，價錢昂貴。

樓下的一大通間，觸目皆是東南亞的石刻像，其中以柬埔寨、泰國、越南佛寺最多。西藏的變相畫也有好多幅。二樓門旁一座將近三公尺的「大秦景教流行碑」，墨黑的。驟看以爲是眞的；一敲才知道是仿製品。心想類似這種石碑之類的東西，在我國遍地皆是，沒人理會；而西方人士却視爲「寶物」。

法國名漢學家伯希和（Pelliot）取去的敦煌佛像、壁畫、絹畫也都集中於此。面對祖宗們的手跡，眞是令人神馳。

許多巨幅的絹畫，都配以玻璃框掛在牆上。不可思議的是那些畫卷上面的顏色；經過一千多年後的今天，仍然保持得那麼鮮艷明朗。畫題都是與佛經有關的；尤其以隋、唐居多。從這些畫面，可以窺探出當時佛教在社會上的地位。畫面上圖案部份，其想像力之豐富，極具變化之能事。

看過了西藏、印度的許多繪畫，深以爲我國古代的圖案畫，是積極地受到中亞的畫風影響的。

在一個巨型的玻璃框內，有一大片自敦煌窟洞壁上鑿下來的壁畫。從這兒看來法人眞厲害；我們全盤照搬人家可變的「時髦文化」；而他們却搬我們再也不會變的「古代中國文化」財。眞不知「進步」與「落伍」的標準究竟是什麼？

除了字畫而外，有不少陶瓷。法國的瓷器算得上很精緻，但是比起中國的，還是望塵莫及。有一間特別收藏了宋代的陶瓷器，明、淸的精品也不少。有一銅鼎，好像是西周初期的，內有銘文，是肥筆，匆匆不及細看。

漢唐以後的陶器、陶俑極多，也有戰國秦漢時的殘斷刀劍，眞是精、粗雜陳。日本部份有不少武士刀及一些小畫，但是和中國的一比，就遜色太多。

十、小學生的書包

旅居巴黎時，寓所附近就有一所小學校，無論早上或下午，上學放學之時，馬路上都是提着書包的學生。有時在電梯內，也遇到鄰居的學童，其中一個是小學四年級生，人不大，書包到是挺大的，好像和人不成正比。起初，以爲是用他爸爸的公事皮包；後來一看，滿街都是這樣的皮包，才知道這就是他們的皮書包。除了用提的，還有用揹的，却沒看過掛在肩膀上的。

我眞奇怪一個小學四年級的學生，何以要用如此大的皮包？某次，鄰居的孩子打門口經過，好奇心的驅使下向他打招呼：

「嗨，你皮包裡都放些什麼？」

他蹲在地上，把皮包打開，哇！裡面五花八門，好幾層哩！有文具、色筆、圓規等等……

至於課本方面，都是文圖並茂，彩色的精裝本，包括了地圖、歷史、詩歌、自然、人體生理以及故事等。却沒看到有什麼升學指南、升學自修等塡鴨式的課本。

大概法國人天生就喜歡用貨眞價實的東西，大學教授也都是用大號公事皮包。常看一些滿頭白鬢的學者，無論上課，在圖書舘，總是拎着個大皮包，有的終生只用一個皮包，又舊又牢。好像皮包就是他的老伴。

有次，一位來過臺灣的法國教授說：

「很奇怪，臺灣的教授們似乎是人手一個『〇〇七』手提箱哩！」

「方便呀！」

他却笑了笑：

「你在巴黎有沒有看到拎『〇〇七』上課的？」

「難道說『〇〇七』只有情報員才能用麼？」我開玩笑同答着。

「不，在巴黎，你如果看到手裡提『〇〇七』的，那一定是挨門兒售貨品的推銷員！」

法國人階級觀念之濃厚，亦由此可知了，只要看他身邊所用的東西，就可識別其身份地位了！

一、漢學權威和他的高足

國家圖書館東方手稿部的主任隋女士——法國老小姐，瘦小個子，深度眼鏡，一副精明的樣子，是法國漢學權威—戴密微先生的高足。戴氏（大家稱他戴公）我曾在法蘭西學院擧辦的一個演講會上遇見過他。現年已過八十，却紅光滿面，精神健旺。以前他也常到手稿部展閱敦煌卷子。現在，則深居簡出，在家著書立說。倒是他的門生們在接他的棒子。

法國的漢學家不談，但旅居巴黎搞漢學的中國人之中，像左景權先生及吳其昱先生都是戴氏的門下，同時都在科學院工作。每天到手稿部來檢閱敦煌卷子，編目錄。早出晚歸，似乎大半輩子，都消磨在圖書館中。敦煌卷子算他倆摸得最熟。外子和我遇到問題時，總是向他們請教。由於研究室內不能高聲討論，附近的咖啡座成了我們交換學問的地方。

似乎是種默契，每天從圖書舘出來，不約而同地向右轉，就在附近一家咖啡舘坐了下來。

左先生及吳先生雖屬同門，又生在同一時代（年齡都在五十左右），又都是孤家寡人一個。但是兩位先生無論在思想上，見解上，個性上，習慣上，都有極大的不同。因此，在一起，總是各有各的話頭。

因爲兩位先生都是留法老前輩，因此，我們都以「左公」「吳公」稱之。

左公看上去比實際年齡老了些；瘦小的身材，留了把山羊鬍子，架了副深度近視眼鏡。烟癮甚大，和我們一塊喝咖啡，不一會煙缸的煙蒂就滿了出來。有時也銜煙斗，他沉思的時候居多，總是在旁冷冷地聽別人談話。即使他開了腔，也是慢條斯理的，咬文嚼字地，而且帶着濃厚的湖南口音；而吳公正好相反，他不抽烟，好乾淨，臉上總是刮得光光亮亮的，看上去比實際年齡小些。大夥兒在一起時，他總是滔滔不絕，口若懸河，講話又急又快，讓人來不及捉他的話，而且帶着東臺腔。

雖然如此，二公都各有天地。左公和你單獨在一起時，話匣一開，可以從他的家世說起，談到他的希臘哲學，史學，他最欣賞太史公。目前，正在翻譯史記。左公是會懂得安排生活的人，週末假期，他會獨自去看場電影或歌劇。記得「魔笛」這部片子就是他介紹我們去看的，是我有生以來，看到音響效果最好的音樂片。

吳公，興趣也是廣泛的，他早年學的是外文。他崇拜胡適，陳寅恪，仰慕西方。他特別强調西方的民主，科學，是值得吾人學習的。在語言學方面，特別有研究，尤其是梵文。他嗜書如命，常常在圖書館出來之後，帶我們跑書店，他的家裏已堆滿一屋子，但是還不斷地買。

吳公和我們住在同一區，坐同一線地下車，碰到一起時在車上四十分鐘也是作他的忠實聽衆。

從兩位先生的談話中，使我們初到巴黎時，獲益不少。是我們的益友，也是我們的良師。

二、魔　笛

某次，和敦煌學者左景權先生從巴黎國家圖書舘出來後，因外子想向左先生討教些關於「寫本」的問題，我們在附近的一家咖啡座又泡了三個小時。

左公幾根煙一抽，話匣子就開了，滔滔不絕，無所不談，從「敦煌」到「戲劇」。原來他對中西方的戲劇，無論古代的，現代的却相當有研究，他很感慨地說：

「由於電影片的大量製作、拍攝、大大地影響了古典歌劇的演出。舞臺劇開銷大，票價昂貴，人們寧可多看幾場電影，如今連我也成爲影迷了。」

我一向對電影有興趣的，法國影片之多，簡直無法選擇，如今可碰到行家了：

「最近有些什麼好片子，適合我們看的？」

同時我取出了皮包的記事本，請他寫下片名，電影院名。

結果他不加思索地在我記事本上寫了「La Flute enchanti」

「魔笛？」

「對了，這就是由莫札特歌劇改編的電影，相信你們一定喜歡看的。」

經左公的極力推薦下，我們在拉丁區的一家影院欣賞了這部片子，雖然票價比平時貴了許多，却是值得的。

眞該感謝左公的介紹，讓我們大飽耳福、眼福，不但音樂好，畫面也好；是我有生以來，所看到最動人心弦的音樂片，一直想看第二遍。遺憾的是當我們遊罷英倫歸來，却已下片。

這部由瑞典國家廣播公司所製作的影片，其拍攝的技巧是很新穎的，據說導演——柏格曼，因導演此片，而大名轟動樂壇，他以電影的特有技巧，用立體的手法，將空間與時間，臺前與臺後，顯示在銀幕上，這是歌劇院所行不通的。

印象最深刻的是銀幕開始，隨着序曲的旋律，暮色中的公園漸漸呈出。接着以明快的手法，鏡頭照在歌劇院內臺下一個個等候啓幕的觀衆，這個鏡頭是緩慢而細膩的；最後落在一個十來歲小女孩的臉龐上，她全神貫注的凝視着布幔，一個瞳孔閃閃發亮，嘴角牽動微笑的特寫鏡頭，放大在銀幕上。然後以少女爲中心再又把鏡頭移向左右前後的男女老少們，不同的臉龐、不同的表情、不同的國籍，在電影的特有攝影技巧下一一出現銀幕，那種期待啓幕前的興奮之情，正代表銀幕前的我們。沒有半句對白，音樂配合着畫面，緊緊地扣住影院內的觀衆。

這個充滿童話意味而有神秘色彩的魔笛，眞是把人帶到出神入化的境界。

第一幕有三個少年乘着冒白煙的氣球飄然而下時，鏡頭又移向臺下，孩子們伸長身子的微笑表情。

還有那歌頌笛子的五重唱，以及捕鳥人的歌，以及愛的贊歌時，眞是悅耳極了，雖是瑞典語，聽起來和德語相似。那出現在畫面下角的歌詞，像拉洋片似的，一片片地出現，銀幕中的臺下，臺上，以及銀幕前的觀衆，完全融合在濃厚的音樂氣氛中了。

等於是把整個歌劇的演出過程，搬上銀幕。第一幕與第二幕之間的鏡頭也是明快的。一下照到由舞臺內洩出的光影，一下又拍到後臺演員從舞臺的布幕縫中，偷偷窺視臺下觀衆的可笑有趣的表情，這眞是比寫實還寫實的手法！

它完全達到了觀衆和演員，和舞臺打成一片的效果。在巴黎，看了好幾部高水準的影片，這是其中之一。

一三、廣場夜景最迷人

巴黎最美的廣場，要算是協和廣場了，它位羅浮宮與香舍里榭大道的中間。廣場的中央，那拔地擎天的古埃及石碑，正好與香舍里榭西端的凱旋門，遙遙相對。這個長石錐體的紀功碑，高二十三公尺，重二百三十噸，上面刻了許多象形文字，及搬運時的種種技術圖案。

每週六，廣場的夜景最是迷人，石碑被照明燈照得通亮，像從幽暗中脫穎而出。立於此，環顧四週，眞是一片燈海，西面對着凱旋門，東面是杜伊勒公園，羅浮宮，右邊兩棟大廈，（包括了海軍總部及大的旅舘）。左邊通往共哥橋，可到達北岸，眞是四通八達，街燈像個網。

黑色的鐵柱，頂着三、兩盞燈，每個燈都配着四方形或圓形的玻璃罩，依然保留着古典的風格，光線特別柔和，遠看彷彿一個個小燈，排列在半空。最有情調的是，藏在樹椏的街燈，隱隱約約地，如同一個個月亮躲在樹梢。

街燈、噴泉、以及大理石的石雕像，銅像，不知吸引了多少的遊客；尤其晚間，一片歡樂之聲。石碑兩邊的碗型噴泉，更是洒出歡笑之泉。

想不到，這塊廣場，兩百年前，曾是路易十六之妻瑪麗安東尼，在此受刑之地，她被拖上斷頭臺的一幕，是多麼地慘酷。

這血腥的廣場，如今却是最繁華、最美麗的樂土了，怎不令人感慨？

一四、「中國之友」

去年春季，日本筑波大學教授酒井忠夫曾應法蘭西東方學院之邀，到巴黎演講。題目是：「明末中國秘密結社及幫教情形」。我們很榮幸地收到請柬，與會聆聽。

演講會場就在法蘭西學院東方部的樓下會議室，法國所有漢學家都在應邀之列。他們的中文名字是：戴密微、韓伯詩、謝和耐、康德謨、施博爾、吳德明、以及中國籍之敦煌學者吳其昱、左景權先生等……大大小小約五、六十人，聚集一堂。由院長吳德明主持。

戴密微，是漢學泰斗，人們以「戴老」尊之。年逾八十，却紅光滿面，神采奕奕，身軀微胖。因久仰戴老是碩學鴻儒，我特地請他在我的記事本上簽名留念。

吳德明原是研究漢賦的，後來研究唐詩。他知悉外子研究元曲，我研究宋詞，高興地說：「我們是一條線上的。」

謝和耐曾於前年來過臺灣，如今已當選爲法蘭西學院漢學講座，講清初中國的科技史料，目前在講劉廷獻的廣陽雜記；手上捧了一堆線裝書。

一般說來，歐洲的漢學家，大都有志於中國平民社會之研究。以期瞭解中華民族的眞正心態。

酒井忠夫不會說法文，因此，用日文演講，然後由施博爾翻譯成法文。施博爾對我國道教，及臺灣鄉土、風情、民藝等均有深入研究。他的寓所，有全部道藏，國學程度甚高，中國話亦流利，將來必是法國漢學界重要人物。

演講完畢，有二十分鐘的發問時間。令人佩服的是，各人所提的問題，非常深入，身爲中國人的我們，反而不知從何問起。主要是平日我們只在孔孟園中耕耘，從不涉獵有關平民社會風俗等問題。其實他們研究社會是有其道理的，因爲「三教九流」，正爲我主政者施教之所必須深知，及如何深獲民心的關鍵。由這次的演講會，因而發覺學術非象牙塔中之「供養」。而是應該走入社會，深入民間，上下溝通，才能達到「修、齊、治、平。」

會後有個小型的酒會，可使學者們互相認識交談。這位日本學者曾到過臺灣，他說：「我有很多中國朋友，尤其陽明山文化學院的張曉峯先生，是我好友，還有蔣復璁先生。」他既是中國之友，我們交談更是親切，乃答應陪他去國家圖書舘東方手稿部及巴黎的中文書店。後來又見過幾次面，進過幾次餐。我們以中、英文交談甚爲投機，他在抗戰期間曾到過大陸，作地下工作，因而認識許多大陸洪幫、清幫社會之朋友，所以才深入研究中國的秘密宗教。

酒井忠夫在巴黎逗留了一星期，臨行送我們一本「菜根譚」，是他朋友新譯的。還有他主編的日本史料集成「明實錄之部」第一册作爲紀念。

一五、春在巴黎

巴黎，眞是個得天獨厚的好地方，不但平原廣大肥沃，且氣候適宜。無嚴寒，無酷暑；尤其在春天，整個巴黎都融在春的美色中。軟軟的春風，拂在臉上，令人醺醺如醉。誠如徐志摩先生所說：「……整個巴黎，就像一床野鴨絨的墊褥，襯得你通體舒泰，硬骨頭都給薰酥了……」

以前讀唐詩：「春眠不覺曉」，總無法領略，這次到了巴黎，才眞正體會到個中滋味。

三、四月的巴黎，眞是春色無邊。無論繁街、小巷、公園、河岸，處處都是一片綠色，高大的七葉樹，是法國的特產。三月開始茁芽，一莖裂開七片，變成一張濶大的嫩葉，陽光一照，枝頭就開滿了紅、白類似蠟燭模樣的花，一串串，把巴黎妝扮得像初嫁的新娘。

巴黎南郊，有一座古堡，其後面有座種滿花樹的花園，每到春天，樹上百花齊放，生氣盎然。

某次，我們在朱自力夫婦的邀約下，專程賞花而去。只那驚鴻一瞥，令人終生難忘！

那天，各家做了些滷牛肉、滷蛋之類的野餐食物，在大學城火車站見面。然後坐南下的火車，到達一個小鎮，下車在樹蔭大道中步行，約半小時後，始看見一棟小型的皇宮。

入內，繞過皇宮後園視線所及，無論樹木，樹葉，草地，皆呈一片嫩綠、翠綠、深綠，簡直到了「綠」的世界。奇怪的是林中靜悄悄的，遊客寥寥無幾，這倒是個鬧中取靜的好地方。

翻過山坡，眼睛突然一亮，出現眼前的是一座平靜的大湖，四週是又高又長的林木，與湖水相映成趣。浮雲悠悠穿過樹梢，間雜着鳥語，好個世外桃源，人間仙境。

我們靠着樹幹，把食物一一取出，舖在草地上，邊欣賞湖光景色，邊享受一頓豐富的野餐，人生難得如此良辰美景。春風輕輕拂着面頰，禁不住叫我高歌：「春風它吻上了我的臉，告訴我現在是春天……別讓那春光老去在眼前。」

野餐後，在朱氏夫婦嚮導下，穿過曲徑，來到一大片花叢。頓時眼界大開，數不清有多少株，如同桃樹的高度，開滿了粉紅的花兒；不是櫻花，也不是桃花，是種不知其名的花兒，每株怒放的花兒都快把樹幹壓倒了，可想其多，其盛，這眞是個粉紅世界。

可惜適逢盛開末期，只見花瓣隨着東風在空中飛舞，飄落到草地上，眞是落英繽紛，把一大片草地點綴得像繡了小花兒的絨地毯。

我從沒如此狂妄過，竟躺在草地上，任花兒洒在我臉上、身上。不一會，整個身子都沐浴在片片花瓣中了。

要不是外子拉我起來拍照，眞到了忘我的境界。

臨走，還接了一手的粉紅花瓣，夾在書中，留着紀念。

一六、今非昔比

不知何故，每當黃昏，漫步在塞納河畔時，總不免發出一絲嘆息；不爲別的，只爲那蒙汚含垢的河水！

河上的古橋依舊，兩岸的梧樹依舊，葉落了有再長的時候——只是爲什麼這悠悠的河水，不復重見昔日的碧波蕩漾？

這是我第二次來到巴黎，那鐵塔、凱旋門、聖母院，依舊如故，只是這塞納河水，已今非昔比。

一九六四年，我參加赴非文化友好訪問團時，途經巴黎——這嚮往已久的藝術之都。雖只是走馬看花，却留給我美好深刻的景象。

猶記那是個秋末冬初的季節，塞納河兩岸樹木蕭條，我們在冷風中登上遊艇，大家精神抖擻，作了次河上遊。

船悠悠地穿梭在那些古老的橋下面，我們飽覽了兩岸的景物，水中的魚兒亦清晰可見。上岸時，已是夕陽西下，一片彩霞，倒映於波光粼粼之中。這金色的黃昏，雖然在聖母院的鐘聲消逝，却令我終生難忘。

曾幾何時，再度來到塞納河畔時，那縈廻腦際的碧波，却已變得如此渾濁不清了！

尤其夜間，在燈光的照射下，河水更顯得黑沉沉的，只十年之隔，這巴黎的靈魂所在，想不到變得如此庸俗！

外子感慨地說：「這是受了文明的病害。近年來，由於工商業的發達、工廠林立，工業用過的汚水，流入河中，再加上貨船不斷地來往，日積月累，再清的水，也會變得汚齪不堪了，更嚴重的是：水質受到化學的汚染，連魚兒也受損不少。」

難怪塞納河邊垂釣的人，愈來愈少。卽使有，也不過一手拿着魚竿，一邊在沉思，睡覺打發時日而已。

後來我去過倫敦，發現泰晤士河，蒙受工業用水、及貨船汚染之情，更甚於塞納河。想那聞名於世的多瑙河，是否依然碧波蕩漾，詩情畫意呢？恐怕也成爲歷史了吧？

一七、皇家教堂

皇家教堂（聖俠貝勒），位於城島上，與最高法院緊鄰。無論從任何角度，都可以看到教堂屋頂上，那個細長約二百四十六呎高的尖塔，是典型的哥德式建築標誌。這座教堂是巴黎最古老，且是最美的哥德式教堂。

早在聖路易九世，爲了放置他於一二三九年，在威尼斯買回的棘冠及權杖，而開始建造這所教堂。

當我第一次走進堂內時，眞是深深爲它的構造奇特、以及四週富麗堂皇的彩繪玻璃窗所吸引。

建築最大的特色是：僅用少而細的支柱支持屋頂，神奇的是七世紀以來，這些纖細的支柱一直能保持平衡而未發生過問題。特別要介紹的是樓上的一層，兩邊全是鑲有葉狀花樣的巨大落地窗；有十五面巨大彩色拼花玻璃的窗子，每面巨窗皆五十呎高，總共有一千一百三十四個不同的拼花圖案。這些圖案都是從十三世紀開始從新、舊約上取題，而用閃爍及鮮明的色彩所畫的。建築物的正面，有一個巨型的玫瑰窗，窗上寫着十五世紀末啓示錄上的文句，所有的彩繪玻璃，利用了光與色彩的配合，造成一個五光十色的絕妙境界。

堂內的四週，都是很高的基柱，基柱之間，則是由大理石雕空的拱門。每一個基柱上，站着一個耶穌十二門徒之一的雕像（十二世紀的作品）。只要你眼睛一閉，就可想像西方教堂，是一個什麼樣的裝飾了。這和我國民間的廟宇裝飾有何不同呢？——濃厚的宗教色彩。只是崇拜信仰的對象不同吧了。

他們的教堂，保管得非常好，有些是屬於國家的，更是受到重視。

而我國民間的廟宇，似乎是自生自滅，有時爲了大興土木，而遭到拆毀的厄運，這點是感到惋惜的！

一八、露天歌劇

記得在民國五十三年，我參加了中華民國赴非友好訪問團，途經羅馬，在有名的「克拉克歌劇」院，欣賞了一場露天歌劇。那是一個非常古老的劇場，舞臺的四週是利用古代遺留下來的城牆碉堡做背景，使得那場歷史名劇「阿伊達」更具眞實性，令觀衆有身歷其境之感！其場面之浩大、陣容之雄厚、服飾之艷麗、背景之眞實、歌聲之宏亮，眞是令人屏氣窒息；只見上千的軍隊，浩浩蕩蕩走上舞臺，還有那活生生的駿馬、駱駝……稱得上「場面偉大」四字，而臺下上萬的觀衆，却鴉雀無聲。

此劇六景六幕八場，換景的時間，觀衆紛紛離席，到四週的酒吧、休息間，吸煙品酒，交談應酬，衣香鬢影，杯觥交錯，好像擧行一項盛大的酒會。直到曲終人散時，已是凌晨零時，夜凉如水了。這雖是十多年前的往事，當時的情景如今却歷歷在目。

去年在巴黎，又有機會觀賞了一場露天的芭蕾舞劇，劇名是「睡美人」。其音樂之美，舞姿之妙，迄今還在腦際縈廻不已！

舞臺是靠着羅浮宮的後庭廣場搭建的。在世界性能源缺乏之下，這到是就地取材的一大智擧。有現成的古典建築爲背景，再配合古典的芭蕾，大大收到情景合一的效果。

舞臺兩邊是馬蹄形的梯階，演員從兩邊進出。梯形的座位則是用木板搭的。面對舞臺成半環形。特別座高達四十五法郎。學生票的座位，在最後面及邊上，只要十五法郎。

對於舞臺效果，我是門外漢，但是由這場「睡美人」來看；「燈光」、「音響」、「佈景」，眞是控制了整個觀衆的情緒。尤其那燈光的變化，眞令你目不暇及，最精彩的是第一幕，王子和公主跳着華爾玆出場，接着一對對男女舞伴出場。女的一律白上衣，紫背心，紫裙子，手執紫花環，接着仙女上場，不一會舞臺上全是翩翩起舞的男男女女，動作之熟練，隨着旋律，眞是「指顧應聲」，到了出神入化的地步。

那四組大擴音器放出的音響效果，柔美而動聽，令人如醉如痴。

記得我們去觀賞時，正値夏末秋初，一輪明月徘徊於皇宮之頂，加上如雲的美女，千變萬化的舞姿，疑是月宮嫦娥，和風拂面，眞令人飄飄然，到了忘我的境界。

其中，也有所謂魔鬼之類的角色，臉上畫得花花的，黑色的長襪。似乎花臉就是壞人的造型，中外構思都是一樣。

據說，每上演一劇，至少排演半年到一年，而演出的時間，少則個把月，多則半年以上。觀衆都是各國來的觀光客居多，演員是職業性的，有的屬於國家，爲國家所供養，使其無後顧之憂，專心從事演出，這點眞是不易！

露天劇場附近也有如旅行車大小的男女化妝室；有便所，洗手池，梳妝臺等。起初，看到好多人在車箱外面排隊，以爲是販賣小吃的拖車，後來才知是「方便」用的。當然要花錢才能使用。便所的門鎖下面，有一個小洞，投以硬幣，就可以把門推開，用畢，門自動鎖上。這種車箱式的厠所，可眞是名符其實的「肥水不流外人田」！

一九、木乃伊

記得第一次在羅浮宮，看到那些大大小小的木乃伊石棺及木棺時，眞不知是何物？只覺得怪好看的：一條比人身要長的木橱上漆繪得五彩繽紛，金碧輝煌。頂端總是一幅漂亮的肖像，圓圓的臉龐，大大的黑眼珠，一絲不亂的頭髮，筆直地垂向耳際。男的，則留着一排鬍鬚。這種長的人形木橱，都是前後兩半合起來的，裡面剛好放具木乃伊。有的故意把上層打開，讓人看到裡面和外表一樣，密密麻麻地鏤刻着文字或圖案，色澤如新。打開的盒子，都是空的，木乃伊已取出。起先，以爲是古埃及的木雕藝術，後來才知道是幹嘛的了！

我眞不敢相信這些漂亮的彩繪橱子，就是裝死人的棺材，有一次，在一個玻璃橱內看到一具由棺材中取出來的木乃伊，才信以爲眞。

想不到一具兩千年以上的屍體，却吸引了大羣的遊客。

這是具小男孩的屍體（約十來歲左右）。全身用白麻布緊緊地纏住，硬硬地像個石膏似的。上面也漆了些經文圖案。對着他，不由得不佩服埃及人對死人的重視。尤其對屍體之保存防腐，眞是發揮了最高智慧。他們知道把屍內的五臟除去，遍體塗以椒花芸香（可以防蟲），再又泡浸在藥石鹼水中（防止腐爛），然後取出風乾，塗以松香、麝香，最後用幾十丈的白麻布，一層層如軍人打綁腿似地裹着，使之密不通氣。

聽說古代埃及有錢的王公貴族，才有資格用這種方法保存遺體於千秋萬世。木棺上面的楔形文字以及繪畫，都是記載死者生前的事蹟，或頌揚武功，武德的。

細看之下，許多象形文字，簡直和我國象形文字大同小異。譬如說鳳鳥的鳳字，不但字形相似，且意義相同，都是象徵吉祥的。

在我國春秋時代就提到「鳳」鳥爲一種仁者之鳥，幾百年始得一見。

在古埃及也傳說鳳是一種靈鳥，啣着父鳥遺體飛往太陽神寺落葬。因此，羽毛塗以金色。

至於保存屍體防止腐壞，早在我國二千年前就知道把墓穴挖得很深，使之密不通氣，也知道用香料防止蟲蛀：三國志劉表傳注引：「表死后八十餘年，至晋太康中，表冢見廢，表及妻身形如生，芬香聞數里！」

我不知道，這究竟是古人的智慧不謀而合呢？還是二千年前，我國和古埃及有了文化交流？無論如何，古代的祖先對屍體的保存方法，是很科學的。

二〇、禮多人不怪

初到巴黎，最感到新鮮的事兒，就是無論在街上、車站、地下車內，常看到男女老少，一見面就是先來個擁抱；然後左右面頰被親得「嘖嘖」有聲。起先，眞令人不敢正視，日子久了，也就司空見慣。

據說吻面頰的次數普通是右邊一個，左邊一個。深交的，或是父母子女親屬之間，則可增加到兩到三次。看他們親吻的次數，就可知道親疏關係了。

最以爲怪的是；除了男女親吻外，也有男的親男的，女的親女的。有一次，在菜市場看見一位白髮老婦迎着另一位老婦，當衆擁抱左右親吻。體型都是胖胖的，臉上皺紋滿佈，邊吻邊唸唸有詞，我立在一旁，眞想笑了出來，這就是所謂歐洲的禮節吧？如果一個宴會結束時，十幾個客人，光是臨別時的吻別，就得花上半天時間。在街頭有一大堆朋友分別時，也是忙成一團。

在國內，與友人見面很少有「握手」的習慣。到了巴黎，入境隨俗，逢人就先伸手出去，盡管你只和他說句「早安」，「日安」，「晚安」，也得拉拉手。見面時要拉手，分別時要拉手……總之，禮多人不怪！

握手，最忌諱的是四個朋友站成四角形時，作十字架式的互相握手，這是不吉祥的。譬如一對友人在握手時，你千萬不要急着伸手和你的對方拉手，把手重疊在另外兩人的手臂上，不但有碍美觀，而且引人生惡感。還有，看到熟人時，如果他正在和別人打招呼，你不要急着搶上前去和人家拉手，要耐性地等着別人走開，你才迎上前去。

朋友約你到他家吃飯，你別忘了帶上一束鮮花，或是一盒蛋糕點心之類。送花也是有學問的，以花的種類識別你和朋友關係，譬如說「玫瑰花」，是送給情侶的。

「謝謝！」「對不起！」「請」，這三句話是他們的口頭禪。儘管你向菜販買枝大葱，她也會報以笑臉，說聲「買西」（謝謝譯音）。

還有給「小費」也是不可忽略的一種禮貌。在國內，看電影，領票小姐給你帶上位，好像是應該的。在巴黎，第一次看電影時，一位漂亮小姐在前領位，外子就悄悄對我說：「有沒有兩個法郎？」好生奇怪，原來，是要塞給小姐的。小費的多少，看她帶領座位的好壞而定，通常她把好的位子給你，你就要多賞幾個，不知道這是否也是不成文的禮節？

上館子，服務員爲你開門、取衣，都是要塞銅板的，否則人說你沒禮貌，總之，身上多準備零錢沒錯的！

二、「她的私事」

法國是個極度民主的國家，個人主義特別濃厚，人人都是做「他所喜歡做的」。注重個人自由，不喜歡受別人的干涉。不只是法國人，全歐洲人都是追求個人的生活。他們把權利、義務分得非常清楚。就以計程車司機來說吧，只要是吃飯時間或是下班時間一到，任你在街頭猛揮手，他也不理你，從你身邊揚長而去。再多的車資，也無法剝奪他個人的時間的。

穿着方面更是自由，任你穿貂皮大衣也好，穿嬉皮裝也好，沒有人向你投以異樣眼光的。

歐洲人是懂得個人生活的，一個節日或一個假期，他們老早就在計劃安排了。

各機關行號，只要下班或營業時間一過，就關上大門，各自去享受去了。在咖啡館裏、在戲院裏、在餐館裏，誰也管不了誰。尤其在咖啡館，只要你一杯在手，可以坐上一天，餓了來塊糕點。有的「沉思」，有的「看書」，有的「寫作」，高興起來，你還可以朗誦一段詩歌。

和法國人說話，最好不要說及個人私事，講些幽默，無關緊要的話，是一智舉。

某次，我問一位小姐：「你這件裙子好美呀？多少錢買的？」旁邊一位中國朋友，拉拉我低聲說：「儘量讚美她的衣服，但不必問價錢，這是她的私事。」

後來才知道法國人不大喜歡談「錢」，朋友見面從不問：「薪水多少啦？」「存款多少啦？」當然他們也沒有伸手向人借錢的習慣。至於「你幾歲啦？」「看那家報紙啦？」「投誰的票啦？」都不必問，因爲這都是個人的權益。

嚴格說來，法國人的思想比較保守，不像美國人那麼容易流露在外。感情亦復如此，初與法國人見面，覺得他們總是冷冷的面孔。其實，日子一久，友誼建立起來，他會熱情地請你到他家，聊天，吃飯。一頓豐富的晚宴，足足請你吃上四個小時。

一個修車的工人，盡管白天滿臉油汚，下了班，他可以西裝革履進出於夜總會、歌劇院。

法國人是懂得生活情趣的，並不斤斤計較於名利。時間對他們來說，也不重要，高興起來和你聊個半天。散步也是悠哉游哉的，似乎人手一條小狗，滿地狗屎，也奈何不了你，誰管呢？因爲這是個人的自由，法律並沒有規定不讓狗兒拉屎呀！

二二、計程車在巴黎

計程車在巴黎並不是很普遍；更不像在臺北的方便：「手一擧，車就來」。到了巴黎，最懷念的是臺北的計程車了。

因爲巴黎的計程車，不是隨處可停，也不是隨處可叫到的，你必須到街邊固定的招呼站（大的公車站附近），才可以叫到車。叫到車不是就可以立刻上車，必須先向司機先生說明目的地，後看司機先生願不願意載。並不是你付了錢，就可以悉聽使喚的，這點到是彼此尊重的，法國人之重視人權，亦由此可知。

在歐美，凡是出賣勞力者，工資都很昂貴，而且要加小費。譬如理髮師、鞋匠、脚伕、侍者等等，當然計程司機亦不例外。

無論你坐短程或長程，都是要付小費的，遇到大件行李時，還得另加車費。某次，參加一個音樂演奏會，我應邀演奏中國樂器——琵琶。車資由主辦單位付。叫了「的士」，琵琶是由我自己拎上車。到達目的地時，跑表上明明是十個法朗，結果竟索取了十二個法朗，小費還另付。這點似乎不太合理。

午夜過後，車資也加價的。某次深夜，從朋友家歸來，地下車已收班，只好忍痛叫「的士」。到了寓所，外子竟然付了超過跑表上的數字甚多，好生奇怪。外子說：「過了夜晚十一點，車資加三成到五成。」

最氣人的是，有了錢，還不一定叫到車。一次參加晚宴，要趕時間。沒料到，在街上站了半天，就是招不到車。許多的士放空揚長而去，理由是：吃飯時間到了。任你揮手，他大可不予理會。當時眞氣得火冒三丈；後來細想，也有道理：「金錢不能剝奪別人的時間呀！爲什麼非要他挨着餓，替你駕車呢？他也是人呀！」

一三、生活的藝術

巴黎的秋冬，多半是陰陰灰灰的，有陽光的日子不多。就是春夏間，有陽光的日子，加起來也不過兩個多月。巴黎陽光之珍貴，是可想而知。因此，一到夏天的週末假日，城裡的人，全都湧向海邊，湧向鄉村，晒太陽去了，使得繁華的城市，頓成死城一般。

夏天度假，就是着了泳裝，作日光浴，晒得愈黑愈好。他們說：「這是健康美」，也就是西方人很少生病的原因。當然，爲了怕皮膚受到毒晒，事先都先抹以防晒油。有種油一塗在皮膚上，不但不會刺激皮膚，反而使皮膚變成亮亮的褐色，表示健康。

住城市的人，差不多在海邊或鄉下擁有自己的別墅。我特別欣賞的是那些一幢幢的小巧可愛的洋房別墅。約三十多坪，兩層樓，樓上是臥室，樓下是客廳、書房、廚房、餐廳和客廳是連在一起的，雖是擠了一點，却甚有情調。壁上的顏色，裝飾，以及地毯都是調和的。壁橱內的餐具，晶亮剔透，沙發又都是古典的。屋內的空間不大，窗戶却多，歐洲人重視的是陽光充足，空氣新鮮。前庭後院，都是大坪草地，一家大小，着了各式泳裝，躺在草地上吸收陽光。多半是背朝天，閉目養神，似乎天大的事也不管。餓了，來塊麵點，渴了，來杯飲料。一頓下午茶可以喝上兩三小時，歐洲人之懂得享受，由日光浴可以看出。

他們一週只上四天班，工作以外，都在「享受」、在「休息」。禮拜五是小週末；約會，晚宴，都排在這晚，和朋友共進一餐，吃吃喝喝，聊聊，足可消磨四、五小時以上。夜總會、歌劇院、電影院，在夜間更是大放光彩。人們脫下了工作服，穿上漂亮的晚禮服，於是進出他們喜歡去的場所。

尤其是穿着方面，完全因時因地，上班有上班的衣服，要輕便、大方。上學有上學的衣服，一件T恤上衣、一條牛仔褲……但是一到晚上，出入應酬，穿着之華麗講究，和白天判若兩人。

有一次，在露天歌劇院，遇到一位法國妞兒，她曾和我交換學習中、法文。平時，總是衣着隨便，粗線條打扮，一件寬大的上衣，一條又舊又髒的長褲。這晚，却是一襲拖地的晚禮服，搖曳生姿，風彩迷人。名貴的質料、精心的剪裁，配上一些名貴的首飾，從項鍊、耳環到手鐲、胸花，無不是經過一番刻意的打扮。如果穿衣是項藝術，衣服以外的配飾品，豈不更是一項藝術？她們眞是寓生活於藝術。

一四、專業教育

有一次，在盧森堡公園，遇到一個可愛的法國女孩，約十歲左右，白皙的皮膚，尖尖的下巴；還有一對大而會說話的眼睛，一頭柔軟的金髮，眞是太討人喜歡了。

我們好像很有緣，她一直坐在我身邊，看我編織毛衣。我的法語不太好，有時須要用手勢來補充意思，聰明的她，却都猜得出我說。

「你長大想做什麼？」

「嗯……我想做 Coiffeuse。」她邊用手做剪髮樣子，邊說。

「什麼？」我遲疑了一下。

後來她又用手比劃剪髮及洗髮動作，這下我明白了。

「眞沒出息，這麼聰明可愛，當髮姐多可惜！」我暗自忖度着。

「爲什麼？」我接着問。

「喜歡，興趣！」

「你母親同意嗎？」

「爲什麼不？」她閃動着大眼睛，好奇地問。

後來又問了女孩的弟弟，他正在玩一輛玩具汽車。

「保羅，你長大，想做什麼？」

「司機！」好乾脆！

他們的這種功利主義，勞動思想，和我國傳統的「萬般皆下品，惟有讀書高」，「學而優則仕」的觀念，似乎是迥然有別的。

後來才知道，諸如理髮師、司機、服裝設計師、裁縫師、打字、廚師……等，都是經過專門學校訓練的。畢業後，授給專門的文憑（職業證書），可以得到很好的出路。

職業學校，由於就業機會大，讀的人多。因此在巴黎，私人興辦職校的風氣很盛，政府亦予以鼓勵。這些人畢業出來後，就可以申請執照，開始營業。

起初，我還好奇地問朋友：

「你們只會一窩蜂開中國飯館，何以不開理髮店？」

後來一切得到答案。

理髮店、裁縫店，都是要有專業學校畢業證書的；不是人人想開就開，否則職業學校豈不關門大吉？

教書，這個行業，在法國是有着崇高地位的；尤其小學教員，一旦取得「資格證書」，一生可高枕無憂，相當於政府的公務員，不必擔心被解聘。

巴黎的師範教育，辦得相當嚴格，入學一律憑考試，一律住校，公費，但必須是法國籍的。在校期間的品德思想，都有特別訓練。

法國政府之所以如此不惜代價投資，主要的是小學的基礎教育，非常重要；老師的一言一行，都深深影響到下一代。不是任何人都能勝任的。

二五、橱窗藝術

盡管巴黎是座古老的城市，但是大道兩旁的橱窗裏面所充斥的香水、鑽石、衣服、皮鞋，却是稱得上世界第一流的；尤其香榭里舍大道兩旁的橱窗，每天不知吸引了多少成千上萬的觀光客。

難怪有人說：「橱窗是一個都市的臉。」聰明的法國人，眞是懂得去妝扮他們的臉——其實拉丁區的後街，有的是蹲着的茅坑哩！

旅居巴黎時，數不清曾去過多少次香榭里舍大道，主要的是太欣賞那兒的橱窗。橱窗的設計，的確是門學問；不但要注重色彩的調和，而且須講究空間的安排。就以服裝商店來說；往往一爿高大的橱窗內，只掛上幾件衣服，却都是服裝設計師的嘔心傑作。剪裁新款的服裝，像木偶似的：無論袖子、褲管、裙擺，都被畢挺地牽着、吊着。每件衣服、套裝，都佔有一倍空間，足以顯示其風格、特色；而且配以同型的皮包、皮鞋、首飾作爲陪襯，令人看了有賞心悅目之感。絕不像國內的服飾商店，衣物堆積如山，一點看不出服裝的美來，甚且有窒息感！

歐洲的橱窗是講求整個店面的氣氛的，是要追求整體的美感；譬如香水橱窗：大瓶的平擺，小瓶的高處擺，錯落有致，有高有低，而造成立體的香水世界。

橱窗的擺飾也隨季節而變化的，譬如耶誕、新年之前，各百貨公司，都是經過一番巧思，用耶誕彩燈、耶誕老人之類，來打扮橱窗，吸引顧客。

商店在例假日都是休業的，橱窗裏的照明燈却仍亮着，以供顧客的觀賞比較，以收宣傳之效。也有幾家日本人開的商店，專在星期例假營業，掐觀光客的錢包，這到是謀利之道哩！

橱窗在夜間，更是迷人，五光十色。由不得使你留戀忘返。聽說在西德、荷蘭、丹麥的風化區，還有橱窗美人，供觀光客欣賞挑選，如同貨品一樣，眞是令人不可思議。天下之大，無奇不有。

所有櫥窗，我最欣賞的是那些旅行社；大概是我自小喜歡旅遊之故。櫥窗內大幅的風景宜人的彩色畫面，以及世界各地的風光畫册，眞令我沉入遐思。

在歐洲，有錢的人，都喜歡把錢化在旅行上面，他們是個追求活知識的民族。就是年輕人也酷愛旅行，但受了經費的限制，走的地方自然不會太遠。常看到一些寓公寓婆，進出於旅行社，一擲千金，就可以換來「行萬里路，讀萬卷書」的效果了。難怪歐洲人的活書比我們讀得多！

國家經濟開發，固然要靠科技，但是文化知識的普遍提高，才是富强康樂的基礎。「玩物喪志」恐怕西方人是不會犯的！

二六、留學生的辛酸面

在歐洲，如果也要像在美國一樣，靠端盤子維持生活，而完成學業的，實在太難了！這情景非身歷其境的人是想像不出的。

因爲歐洲的社會組織和美國不同，美國到處有臨時工可打，而歐洲是很少僱臨時工的。公司行號都僱用專任固定的人員，且有保障，外國人想打入他們的社會，極其困難。

臺灣去的留學生，更礙於語言之隔閡，絕大部份是到中國餐館端盤子。而且也是整天的，從早上九點開始上工，直到深夜十一時放工，相當辛苦。難得一週有一天的休假日，又得養精蓄銳，應付下週的工作，那有時間讀書呢？初去的一、兩年，尚雄心勃勃，衝勁十足。日子一久，現實生活的壓力，加上程度又跟不上，再大的志向也已消磨殆盡。半途而廢的，比比皆是。有些家長，却不知情，日夜盼望自己的兒女衣錦榮歸，成龍成鳳；而這些學子們簡直不敢提求學這樁事，甚至連信也不敢寫了，眞是到了「無顏見江東父老」地步。每看到國家培植出來的優秀知識青年，在海外如此地被埋沒、被糟榻，內心總泛起一絲隱痛。

男的，還可以靠自己勞力換取報酬。有的艷福不淺，還可以討個洋老婆做伴。苦的是女生，不要說打工求學困難，連找對象都不容易。尤其在法國，早已陰盛陽衰。凡是看得順眼，學有所成的，後面已是大羣女孩排隊追。生性羞怯、被動的中國小姐們，就大大吃虧了。最後，爲了生活問題，隨便屈就嫁人的，也是不勝枚擧。

十多年前，一位國內大學剛畢業出來的女學生，滿懷雄心壯志，背井離鄉飛洋渡海，來到巴黎求學。起初，生活還過得去，後來環境所逼，也走進一家中國餐館當侍者。一個嬌滴滴的大小姐，在國內享福慣了，那吃得了這種端盤子的苦？由於工作勞累，體力不支，而臥病在榻。幸好該飯館厨師，頓生憐香惜玉之心，日夜奉湯侍藥，日久生情，這位小姐顧不得國內親友的阻撓，最後嫁給厨師，書也不唸了。苦熬多年，如今已擁有自己的餐館，坐在櫃臺，當起老板娘了。據云，她的母親，曾千里迢迢到巴黎來看她，後來母女意見不合，母親氣出病來，情景甚爲凄涼……唉！好不容易把女兒撫養大，送出國還得受氣，誠可悲哉！

即使取得博士學位，想在法國謀一固定職業，也非易事，除非你是法國籍。聽說有位巴黎大學院畢業的博士，爲了想在法國開業行醫，而申請歸化法國籍。結果法國政府就是不發開業執照，說他中學不是在法國唸的。迄今這位博士仍在醫院做些檢驗工作而已。

想擠身大學當專任教授，更是難上加難。儘管你才高八斗，滿腹學問，却仍然在人之下，仰人鼻息。這情形，在巴大教中文的中國籍老師們，吐的苦水最多。某先生逢人就埋怨：「我的學生都升到教授了，而我仍然是講師一個……」天下擺不平的事還多着呢！我又何必杞人憂天？

二七、賣藝點滴

黃昏時刻，散步到塞納河畔的聖母院，可以享受到另一種浪漫情調。夕陽殘照在教堂的龐大正門，三五成羣的巴大學生，紛紛聚集在聖母院前面的廣場上。有的捧着一本詩集在朗誦着；有的則化了裝作街頭劇。

入夜，更形熱鬧。廣場上，左一堆，右一堆，都是載歌載舞的青年男女。吉他聲、鼓聲、歡樂聲，眞是響澈雲霄。他們長髮披肩，奇裝異服，不拘形跡，彷彿來自另一個世界。

阿拉伯及非洲人也不少。也是來到法國的留學生。

某次，我圍看了一羣賣藝的黑、白青年，眞是充滿活力。一個白人雙手打落在夾在大腿之間的鼓面上；另外來了兩個阿拉伯人。頓時、大小鼓、盆子、罐頭、一齊敲打，引來了一羣圍觀者。接着一位白人，抱着吉他，撥出節奏明快的拉丁情調的調子，往這邊湊了上來。樂隊起處，兩名瘦長的黑人，搖頭幌腦地跳到人羣中間的空地上，一切是那麼自然。舞者赤裸的上身，套了件小紅背心；可愛的是漆黑的面龐，咧出一排雪白的牙齒，還有滿頭捲曲的短髮，顯得非常精神。非洲人在歌唱舞蹈方面是特具活力且有天賦的。他們不知道「明天」，只把握目前的一刻，盡情地歡樂，讓觀衆的情緒亦融在他們的情緒中。也因此，看得出法國是個自由樂土，他們似乎是沒有種族歧視的。

正看得出神，舞者之一，動作敏捷地從口袋掐出一塊手帕，雙手把手帕拉平，猛不防跳到你身前：「謝謝，夫人，先生，」好小子！原來是討賞錢！眞像大陸上江湖賣藝的人，銅板紛紛投入手帕後，這夥人又「買醉」去了。

草地上，依偎着對對情侶，喞喞濃濃，旁若無人似地，享受着他們的快樂時光，這倒是免費好戲！

地下車廂內，也時有賣藝的人。他們輪流在各項車廂內奏樂演唱。通常是一人奏樂，一人唱，另一人把帽子反過來，挨着座位向乘客索錢。

地下火車站內以及換車的通道內也有賣藝的，尤其嚴冬，地下車站內又可取煖，又可賺錢，何樂不爲？他們把頭巾舖在地下，或把樂器盒打開，讓圍觀者付賞錢。歌唱奏樂，不絕於耳。

印象最深刻的是一個拉手風琴的瞎子，中年人，戴副墨鏡，着黑衣，一年四季靠在一個牆角，始終拉着一個淒涼單調的調子。由於缺乏陽光，臉色蒼白。膝前掛了個銅罐子，唯有如此，才可聽到硬幣投入的響聲。這個人就如此了其殘生。這情景和廣場上所見，迥然兩個世界。

二八、不准動手

在巴黎，無論是商店或菜市場，凡是買吃的東西，都不可以隨便動手挑選的。初出國的人，必須要入境隨俗。

某次，和鄰居太太一塊上菜市場。正是草莓上市，顏色鮮紅欲滴。我很自然的用手去摸了一下。鄰居太太急忙說：「不要碰，老闆會罵的。」嚇得我連說對不起。並告訴老闆我要一斤。只看他用剷子剷了十幾來個裝入紙袋中，上秤。其中有大有小，有好有壞。誰都不得任意挑選。的確也是，好的被挑選走了，差的賣給誰呢？

蔬菜也是一樣，你看中了那一樣，可指着告訴老闆，老闆會拿給你，價錢也都事先標好的，沒有討價還價的習慣。

雖是如此，在法國住了一年，我却很少買到壞的東西。主要的是由於法國土地肥，各種農產品產量豐富，無論水菓、蔬菜，都是經過處理（壞的抛棄），然後再運到市場。尤其四季不同的水菓，總是堆積如山，根本沒有你挑選的餘地。

肉攤子是把排骨肉、腿肉、五花肉等分別排列。旁邊有許多叉子，你看中那塊就叉那塊，交給老闆上秤。絕沒有顧客把肉拿來翻個半天的。

大的書店，除了在門外的攤子上陳列着「廉價書」，可以任君翻閱，吸引過往行人的注意外，店內架子上的書，大都不讓你翻閱的；尤其是精裝的藝術以及歷史文物的畫册，特別標明「不准動手」字樣。因爲經過客人去翻閱，弄髒了，誰還肯買呢？

在巴黎的街上或公園內，情侶接吻的鏡頭時時可見，但是却很少看到他們動手的。他們靜靜的、默默的，閉目相吻，完全陶醉在吻的藝術中。

某次在地下車內，對面坐着一位胸脯暴露的女人，旁邊的男友，側過臉吻他，手正要往上移時，女的立刻還以顏色，男的自討沒趣，把身子坐正。我只有裝着沒看見，貼着車窗，看站內的廣告。

二九、你丟我不撿

地下車票爲了配合機器的須要，都是用硬紙做成的卡片，大小合國內的火車票。一律黃色，插入自動驗票機，票上就印有站名、代號及入站時間，以供查票員抽查。人們出口時，隨手丟棄，黃色廢票舖滿一地。人們戲曰：「巴黎遍地黃金。」不明實情的人，還以爲法國像美國一樣，遍地黃金，只要你踏上法國，就可以到處淘金。實際上，係指廢票而言。

儘管出口處的壁上，有許多垃圾簍，或桶之類的設置，但是總不如隨手丟的便當。這種「你丟我不撿。」的現象，起初，很看不順眼，後來才知道，這些廢票，早晚有清道夫掃除（大都雇用阿拉伯人、非洲黑人），但是丟的人多，掃的人少，地上總是「黃金」不斷。

入境隨俗，大家丟，我也丟。公共道德，是很難有標準的；因爲政府雇人服務，所以人民就有自由「丟」的權利。

話說回來，地下車的出口，都是靠乘客互相服務的。那一道又厚又重的擋風玻璃門，可沒有侍者替你服務。完全靠前面的人推了過去，輕輕按着彈回來，帶給後來的人；而且習慣地回頭向後來者示意，彷彿是種默契，後來的人，立刻迎了上去頂着門。過去了，再又輕輕地放開，交給下一個，否則門用力彈回來，會打着後來的人，後來的人又得使勁拉。在這種情形下，前面的人必會回過頭來，連說「巴東（抱歉譯音）」，因此，乘客之間，鮮有吵架事宜，一切都在「巴東」聲中冰釋。

入境隨俗，我也照樣模仿，每回出口時，也習慣地回頭望望，手邊擋着門。這倒是件新鮮事兒，也算是西方人的人情味吧！

三〇、醉鄉醉像

法國向以「酒國」自豪；飯可以不吃，酒不可以不喝；尤其是嗜酒如命的「醉漢」造成了巴黎的另一個天地。

在巴黎，無論是人行道上、地下車內、公園內、或是橋下的河堤上，隨時可以發現一些醉漢。他們手執酒瓶，搖搖幌幌，有的自言自語，有的高談濶論，也有的引吭高歌，更有喝得爛醉如泥，隨地而臥，報紙一蓋，呼呼大睡。冬天天冷，他們雖醉猶醒，會找地下鐵道的通風口，往鐵柵上一躺，有免費暖氣，不致凍僵。除了幾個空酒瓶，身無他物，眞是羲皇上人！

初到巴黎時，好生奇怪，何以沒有警察干涉，或家人去照料？

日子久了，才知道法國是個極講究個人自由的國度。只要你不侵犯別人的自由，不偷不搶，隨身有身份證明、有買麵包的銅板，警察是絕對不敢動他們一根汗毛的。

聽說巴黎有很多這樣的人，他們不是沒有家，只是天性喜歡過這種無拘無束，放浪形骸，胡天胡地的日子。他們也許眞覺得醉鄉大，人間小！其實他們並不窮，只是不喜歡西裝革履，過正常的生活。

這種人，有的家庭環境不錯，只是受到刺激，離家出走（身上隨時可掐出大把鈔票），有的是失業，或退休的老人。他們一旦領到救濟金或養老金，就及時行樂，喝個痛快！

醉酒最多見的是在地下車，尤其冬天，買張車票，合法入站，可以從早到晚，在地下巴黎遨遊，這也是巴黎特色之一。雖然形成社會的醜像，但對社會並無危害。因此，讓他們自生自滅。

後記

「歐遊心影」是我出版的第二本遊記。

自從「半個地球」出版以後，一隔就是十二個年頭了。十二年來，個人的心境、閱歷和感受，一定有許多不同。但我自信，我個人對生活的熱愛，對情感的忠實，却是歷久彌新的。這就是爲什麼我在「半個地球」出版以後的十二年，「歐遊心影」卽將付梓問世之時，心中的激動仍難以自已的緣故。

「半個地球」的出版，是我在民國五十三年被派參加「赴非文化訪問團」，百日訪問，萬里歸來之後，陸續把訪問非洲、歐洲的見聞，花了半年時間，在「中國一週」撰文連載；接着又刋載了向元弟的「美國紀行」，向元弟那次出國是參加「美國童軍大露營」。

我們姐弟在同年先後代表我國出國訪問，當時曾被譽為「國民外交」之家。對我們出力最大，鼓勵最多的是我的 先父。本以為載譽歸來後，要向父親暢述在國外的所見所聞。不幸，就在我們尚未返國時，父親已病臥在軍醫院的病床上，情況危殆。我們一下飛機，滿腹的話，要向父親傾訴，但却只能換以侍湯進藥，强作寬懷，寄望於父親的病癒。而在我返國一月後，病魔便奪去了父親的生命。

為了彌補此一憾事，我們姐弟在「中國一週」連載的遊記刊登完畢後，就決定以「半個地球」為名，合印成册。將它奉獻給一生戎馬，革命軍人的先父在天之靈，也算是我們紀念先父的養育之恩於萬一。此中情況，我在「半個地球」的後記中已詳述，不再多贅。

因為那是本紀念性的書，當時出書不多，送的送，銷的銷，如今只剩下作者自存的一本。為了答謝厚愛我的讀者，今夏決定略作修訂後，由「學藝」出版社再版，也算是我們對先父無盡的懷念。

「半個地球」是記述我訪非並順道遊歐之行，那時我剛大學畢業，缺乏寫作經驗，對所見所聞的摘取，多是片面的、零星的，也許不够深入，不成系統；

但對事，對物的看法和感懷，却是忠實而純眞的。事後回想，當時總覺得行色匆促，加上是團體行動，有時，不免是在走馬看花。眞希望將來能有機會，以補償此行之不足。

十年後，外子殿魁，承文化學院張創辦人曉峯先生之資助，赴法研究。次年（民六十四年），我亦得巴黎大學之邀，到巴黎去舊地重遊。人生幾何，想不到我又二度踏上歐洲大陸。在我嚮往已久的巴黎，整整待了一年。使我有機會飽覽西洋文化、藝術，深深領略了歐洲的風光。多年夙願，如今得償，怎不令我快慰平生呢？

鑒於上次遊歐時所得的印象，太過浮光掠影。這次在歐洲，所到之處，所見所感，莫不隨時記載在身邊的大小記事簿中，並且到處搜羅有關的圖片和資料，務使所見事物，都是信而有徵，再加上個人的觀感見聞，間或在回國之前，便就當時所感，撰文報導。大部份是在回國以後，課餘、家務之暇，便依據手頭所記資料，補綴成文，陸續發表。

除了記事本外，外子爲我拍攝的十大本相簿，也幫我捕捉了不少的記憶和靈感。友人常笑我：「幹嘛一天到晚捧着相簿？」唉！我只有套用曹雪芹的：「都云作者癡，誰解其中味！」了。

「歐遊心影」裏的文章，都是隨時、隨興、隨意，信筆寫來。所見所聞，均是寫實，絕無虛構。間或有觸景生情，發抒個人觀感之處，亦不過是想引起讀者們的共鳴罷了！

這本「集子」共收了三十個長篇和三十個短篇，都是曾先後發表於各大報章雜誌；其中以「巴黎」爲題的，又佔了一大半，最主要的是——「她」實在太令人「心醉」的原故。

有人說：「不到巴黎，嚮往巴黎；到了巴黎，喜歡巴黎；離開巴黎，懷念巴黎。」這話眞是一點也不錯。

自從我離開巴黎以後，那塞納河波光，那聖母院鐘聲，無不日夜令我「魂牽夢縈。」

爲此，我曾特別以「巴黎散墨」及「巴黎心影」爲題，在六十五年返國的盛暑，同時分別撰文在「大華晚報」以及「自由報」連載。前者寫景，後者敍事。

因懷念之情益深，欲罷之情不能；不知不覺也就寫了一年。

特別要感謝「大華」王副總編輯義周先生、「自由副刊」李主編辰冬師，「創新週刊」柯主編淑齡女士，以其寶貴的篇幅，來連載我的這些拙作，要不是他們的不斷敦促與鼓勵，我是無法持之以恆的。

尤其是「大華」的旅遊版，雖是一週一次，却附有圖片，是最令我滿意的；因爲有了圖片，就可彌補文字描敍之不足。可惜限於篇幅，不能刊登太多的圖片，這點是我要謹向「華旅」讀者諸君致歉的。

其次，要感謝的是愛護我的讀者們，一篇文章刊出，總有不少讚許的電話和信件，一再鼓勵我出書；而我之所以遲遲未決，是生怕「文不勝質」或「詞不勝情」，會令讀者諸君失望的！

不過，心裏總希望這次的遠遊，能給自己留些雪泥鴻爪。思之再三，還是選了些文稿，交由「學生書局」出版。在這兒也要感謝「學生書局」的雅意，才能使這本文集，順利與愛護我的讀者見面。

更要感謝石禪師，在百忙之中，抽空爲我寫序，使這本遊記增光不少。而且給了我很多溢美之詞，眞是受之有愧。

最後，也該向外子殿魁表示由衷的感謝；旅歐期間，曾給我不少提示；他對事物的觀察入微，是令我折服的。譬如遊榕格福契雪山時，我只一味記坐那爬山的電動車，多麼愜意，他却提醒我：「別忘了，這是帶齒輪軌的電車！」到了山頂，他又拉着我看山上的高度標識：「此山海拔三千五百七十三公尺。」諸如此類，均增加我不少可發揮描述的材料。後來每撰一文之前，總要先求正於他。資料的剪裁，層次的安排，他都提供了不少意見。至於文中經他一二字的更動，使文章間有幾句「生花妙語」或「點鐵成金」，其中功勞自是少不了他的。

末了，最要感謝的是我那勞苦功高的母親；要不是出國期間，母親遠從紐約回來，替我們照顧三個還不懂事的娃娃，我是沒法如願以償——作第一次長時間的遠遊。

如今書出版了，謹以此書獻給我最敬愛的母親

中華民國六十六年夏日向恆記於東園

附註：原文中已註有西文名詞，此索引不再重複，以省篇幅。

中西文之重要專有名詞索引

（以字母先後爲序）